Camille Couasse

Virgin in Porn

Pauvert

ISBN : 978-2-863-74889-3
Illustrations de couverture : Alizée De Pin.
Maquette de couverture : le-petitatelier.com.
Co-éditeur du titre : Vincent Ravalec.

Dépôt légal : janvier 2025.

Chapitre 1

Janvier 2012. 11 h 34. Tentative 4 (ou 5 ?). À la 8e, j'abandonne.

Comme ma mamie, j'écarte les doigts sur l'écran, pour agrandir le texte. Comme si je ne connaissais pas déjà par cœur les instructions de ma cousine. La première, c'est trop facile :

1/ Installe-toi bien.

Je suis bien, putain. Je suis dans mon lit. Les deux pieds hors de la couette pour pas avoir trop chaud. Avec mon pyjama et ma culotte H&M avec les cœurs : je porte *the* tenue la plus confort au monde.

2/ Respire profondément.

OK. Je respire. Pas sûre de ce qu'elle veut dire par *profondément* par contre. Par le nez ? La bouche ? Les deux à la fois ? Bon. En tout cas, je respire.

3/ Contracte ton vagin.

Combien de fois ? Combien de secondes ? Si je serre les fesses, ça ferme le vagin avec ? Comment je sais que je suis contractée de l'intérieur si je le vois pas ?

Raaah, c'est toujours comme ça avec ma cousine. Elle est jamais claire. Je le lui ai dit plein de fois, mais elle n'écoute rien. Pas étonnant qu'elle ait redoublé sa 5e, alors que moi, qui suis une élève très moyenne (comme l'a dit maman), eh ben je suis quand même passée en 4e. Elle est trop vague : comment je peux jouir dans ces conditions ?! Les gens comme elle, qui jouissent comme ils respirent, ils ne peuvent pas comprendre ceux qui galèrent. Ils ont eu la chance de choper le pli du premier coup, mais les autres ? Les nuls comme moi. C'est comme siffler. J'ai jamais réussi non plus. Pourtant j'ai essayé. Tellement de fois. Je passais des heures dans le jardin à placer ma langue correctement dans ma bouche pour sortir le son parfait. Ça n'a jamais pris. Mon frère, lui, siffle à la perfection. C'est tellement injuste ! Mes parents me répétaient : « Tu n'essayes pas vraiment. » Mais si. Un jour, je sifflerai comme une déesse. Et un jour, je vais jouir. Non, pas un jour, aujourd'hui.

Elle dit quoi déjà en 4/ ? Ça va peut-être m'aider à comprendre le 3/.

4/ *Caresse-toi le clit* (comment elle se la pète ! Elle pourrait écrire *clitoris* en entier). *En rond dans le sens des aiguilles d'une montre. Pas trop fort. T'as le droit d'utiliser de l'huile type huile d'olive (ou ta salive si t'as rien d'autre, mais olive ou tournesol, c'est quand même mieux).*

Ça sera ma salive. Je vais pas descendre à la cuisine pour prendre de l'huile d'olive. Maman va pas comprendre pourquoi je l'embarque dans la chambre. Alors, j'en mets où ? Sur mes doigts ? Le clitoris ? Je suis paumée. Merde, merde, ma bave me glisse entre les doigts. Mon oreiller va puer la vieille salive. Bon. Tant pis. On recommence. Je crache.

Même ça, j'y arrive pas. Rien ne sort. J'ai la gorge trop sèche. Faut que je boive.

Mes doigts mouillés glissent sur l'écran et brouillent l'instruction suivante. Heureusement je la connais par cœur.

5/ Jouis.

En plus, elle a mis un point. Genre, elle me donne un ordre. Ça m'énerve tellement. C'est vraiment des consignes de merde. Je vais lui dire que ça marche pas, son « manuel ».

Elle répond pas. Évidemment.

Bon, allez, je m'en fous. On n'abandonne pas. On s'accroche. Go.

Je tourne.

Je contracte.

Je tourne.

Je contracte.

Je contracte. Ah non, merde. C'était le contraire. Ooouh, ça m'énerve.

Je me reconcentre. Allez. Allez. Allez.

Oh, oh ! Sabrina a vu mon message ! Elle répond pas. La pute.

Non. Non. Reste concentrée. Tu t'en fous d'elle. Je respire profondément.

Je tourne.

Je contracte.

Je tourne.

Je contracte.

Pause. C'est fatigant. Pourquoi toutes les femmes jouissent sauf moi ? C'est pas possible, je peux pas être la seule à galérer. Y'a un moyen très simple de le savoir. Google. Et Doctissimo. Voilà. Je ne suis pas seule. Y'a aussi Chantal, 59 ans. Qui n'a jamais joui alors qu'elle est mariée depuis 30 ans. C'est horrible. Si, à 59 ans, j'ai jamais joui, je me tue. La pauvre. Personne ne lui a répondu en plus. C'est vraiment des cons sur Doctissimo.

« Bonjour Chantal,

Ne perdez pas courage ! Vous allez y arriver ! Je vous conseille d'y aller par étapes. D'abord, installez-vous confortablement. Détendez-vous. Contractez votre vagin. Puis commencez à vous toucher le clitoris – mettez du lubrifiant (type huile d'olive) – en faisant des petits mouvements circulaires tout autour. Soyez indulgente avec vous-même. Ça prend du temps ! »

Et hop ! Envoyé. Je vais être honnête : je suis très fière d'avoir réussi à placer le mot « indulgente ».

J'arrive un peu tard parce que son dernier message a été posté y'a 4 ans, mais j'espère quand même que Chantal va me répondre. J'espère surtout qu'elle va jouir.

Houlà. Quelque chose coule entre mes cuisses ! J'ai joui ? Je savais pas que ça pouvait vous prendre par surprise comme ça ? (Si c'est ça, c'est un peu naze l'orgasme...)

Mais... Qu'est-ce que c'est ?

Le coup de l'eau froide qui fait disparaître les taches de sang, c'est clairement n'imp. Merci maman et son conseil de grand-mère à deux balles. Je sens plus mes doigts tellement ils sont glacés et la tache marronnasse foncé dégueue est toujours là. Elle ne partira pas, c'est sûr. Le sang s'accroche aux culottes pour toujours. Ma culotte est foutue. J'ai plus qu'à la foutre à la poubelle. Combien de femmes ont dû jeter leur culotte quand elles ont eu leurs premières règles ? Forcément toutes, elles pouvaient pas prévoir que ça allait arriver. Des centaines de millions de culottes tachées doivent traîner dans les décharges du monde entier. Quel gâchis quand même.

Allez, hop, au revoir.

C'était une vieille H&M avec des cœurs. Une culotte de bébé. L'élastique a lâché en plus.

On peut officiellement dire que je suis une femme. J'ai le droit à des culottes un peu *sex* avec de la dentelle. Ou des strings, tiens. Je vais demander à Maman de m'en acheter.

Ah non. Pas des strings, on peut pas faire tenir des serviettes hygiéniques dessus.

Dans le fond de la poubelle, je fais un salut militaire à ma culotte. Merci pour ces années de loyaux services. Bye bye. Je la regarde toute rabougrie, trempée et tachée, perdue entre les mouchoirs usagés et le tube de dentifrice vide. Elle me fait pitié. C'est peut-être un peu con de l'avoir jetée. Elle peut toujours resservir, non ? Contrairement aux autres, elle ne me laissait aucune trace rouge sur les cuisses, au niveau des élastiques. Après tout, je ne sais pas quand j'aurai mes prochaines règles. Il paraît que ce n'est pas tous les 28 jours. Que c'est un mythe. Ça veut dire que ça peut arriver n'importe quand, n'importe où. Et que je risque de gâcher une autre culotte. Alors que, si je garde celle-là, je peux me permettre de la retacher puisqu'elle est déjà foutue. Suffit que je la porte les jours où je pense que mes règles vont arriver !

Ouais. Je vais faire ça.

Non. Ça va pas marcher. Je vais pas porter la culotte 5 jours de suite non plus ! Je saurai jamais quand elles vont arriver. C'est relou, ces règles qui ne préviennent pas. Comment je peux m'organiser, moi ?

Qu'est-ce que je fais ?

« Loli ! Descends ! », hurle ma mère de tout en bas.

Je connais ce ton. Ça, c'est le ton du bol de Chocapic que j'ai oublié de mettre dans le lave-vaisselle.

« J'arrive ! », je réponds.

Allez.

Tant pis.

Je la garde. En souvenir. Il y en a qui collectionnent des timbres, moi ça sera des culottes tachées.

« Loli !! Maintenant ! Et Thomas aussi ! », hurle ma mère.

Sûre et certaine : c'est les bols de Chocapic.

Je sors de la salle de bain, ma culotte mouillée à la main qui goutte sur le sol. Je peux pas la mettre à sécher sur le radiateur, Thomas va la voir et me la balancer à la gueule en me traitant de porc. Il faut que je la mette au sèche-linge incognito. Mon frère me rejoint dans l'escalier, hyper saoulé. Vite, je fourre ma culotte mouillée dans ma poche, l'air de rien. Ouhh, c'est froid. Mon frère me fixe. Il sait pour la culotte mouillée ?

« C'est les Chocapic », qu'il me sort.

Je sais.

Dans la cuisine, y'a maman, debout derrière la table à manger. Avec papa à côté. Sur la table, pas de Chocapic ni de bols sales. À la place, y'a un étalage de DVD. Des blondes souriantes aux gros seins en train te tenir quelque chose. Des bites. Je sais que je devrais me demander pourquoi y'a des DVD pornos sur la table de la cuisine, mais mon cerveau a le sens des priorités mal foutu. Il se demande plutôt qui a encore des DVD pornos de nos jours ? C'est vraiment un truc de vieux. En plus, on n'a même pas de lecteur DVD à la maison.

Maman me regarde et prend un ton professoral. Le même qu'elle prend quand elle corrige mes devoirs.

– Votre père et moi, nous nous sommes concertés et nous pensons que vous êtes assez âgés pour qu'on vous dise la vérité sur notre métier.

J'écoute pas du tout. Je pense à ma culotte mouillée dans ma poche. L'eau se propage partout et glisse vers l'entrejambe. Tout le monde va croire que je me suis pissée dessus. Je vais devoir sortir ma culotte pour leur prouver que non et ils vont voir la tache marronnasse couleur caca. Ça va être horrible.

Heureusement, mon père, qui n'a encore rien remarqué, reprend la parole.

– Voilà. Oui… avec votre mère donc, on a changé de métier et on a créé une boîte de production audiovisuelle, il y a quelques années. (Il se tourne vers maman.) Via mon pote André. C'est un ami qui date. Vous l'avez rencontré une fois. (Non, ça me dit rien. André qui ?) Mais si, c'était en avril !

Ma mère coupe mon père pour le rappeler à l'ordre.

– On est pas là pour ça, mon amour.

– Oui, bon, bref, voilà : on s'est mis à produire du contenu vidéo pour adultes.

Intellectuellement, je comprends ce qu'ils me disent. Ils me disent qu'ils ont une boîte de production pornographique. Mais je n'arrive pas à les croire. Non. C'est faux. Ils nous font une blague. Je sais ce que mes parents font comme métier. Chaque année, en classe, je l'écris sur la petite feuille qu'ils nous donnent à l'école. Mes parents ont une agence immobilière à Boulogne-Billancourt, rue George-Sorel.

Comme Thomas et moi, on ne dit rien, mon père insiste :

– Du porno quoi.

– Ils ont compris, mon chéri.

Mon père, producteur de pornos ? Mon père, celui qui met *Stuck in the Middle With You* de Stealers Wheel en mode haut-parleur sur son portable quand il va aux toilettes parce qu'il veut pas qu'on l'entende faire caca ? Mon père, celui qui utilise du PQ pour se moucher parce qu'il a la flemme d'acheter des mouchoirs (et aussi parce que c'est moins cher) ? Mon père, celui qui porte des charentaises pour jouer à la pétanque ? Celui qui refuse d'aller au sauna parce qu'il ne veut pas qu'on le voie à poil ?! Lui, là. Il produit du porno ?!

Non.

Ma mère, par contre, c'est crédible.

Je sais tout d'elle. Sa toute première fois : c'était agréable, mais elle n'a pas joui. Toutes les fois où mon père ne lui dit pas assez « Je t'aime ». Le jour où elle a décidé de se faire épiler l'anus au laser parce que – je cite – c'est quand même plus agréable (et hygiénique) pour les anulingus. D'ailleurs, ce jour-là, j'ai appris un nouveau mot.

Ma mère, j'y crois. Mon père, non.

– Loli, ça va ? On sait que c'est un peu bizarre de vous dire les choses comme ça. Mais on préfère être honnêtes. Mes parents ne me parlaient jamais de rien. Et je pense que c'était une grosse connerie ! On devrait pouvoir parler de tout.

– Oui, rajoute ma mère, le sexe ne devrait pas être un sujet tabou.

Mon père rebondit avec enthousiasme.

– Tout ça pour dire que le cul, c'est comme pour tout : ça s'apprend. C'est pour ça qu'on vous a fait venir : on vous a rapporté tout plein de trucs.

– Arrête de dire *truc*. Utilise le vrai mot !

– Arrête de m'interrompre ! Je disais donc… Merde, j'ai oublié. Ah si. On vous a rapporté des *objets* et des livres pour que vous puissiez en apprendre un max avant de passer à la pratique. On pense que c'est important de connaître son corps avant de… Faut savoir ce qu'on aime. Et ce qu'on n'aime pas ! Les femmes surtout ! (Il devient rouge, gêné.) Enfin voilà. Choisissez ce que vous voulez !

– Vous avez l'embarras du choix.

Thomas et moi regardons la table, un peu sidérés. Justement, y'a trop de choix. Avant y'avait les Chocapic au chocolat. C'est tout. Maintenant y'a les Chocapic duo. Les Pépites. Les Chococrush. Les Cœurs fondants. Les Choco noisettes. Les Bear Shape… Nestlé est obligé de préciser «l'original» sur son paquet pour qu'on le reconnaisse parmi ses rejetons.

Les Chocapic d'origine, je connais bien. Je sais quel goût ça a en bouche. Je sais que je dois les laisser ramollir dans le lait avant de les manger, sinon ils sont trop durs et me râpent le haut du palais. Mais là… Si je dois choisir entre tous les DVD, je ne peux pas. Quel film va m'apprendre à jouir comme ma cousine Sabrina ? Je ne peux quand même pas leur poser la question. Je jette un regard vers Thomas, il a l'air aussi paumé que moi. Normal. En même temps, il est toujours à l'ouest, lui. C'est moi qui lui ai appris ce qu'était un string après avoir regardé *Mon père, ce héros* avec Gillian et Depardieu. C'est moi aussi qui l'aide à choisir ses vêtements parce qu'il mettrait n'importe quoi sans moi. Mais je peux pas toujours être derrière lui. Aujourd'hui c'est chacun pour soi. Qu'il se démerde. Je pars du bas de la table, vers le haut. Faut bien commencer quelque part. Et il n'y a pas que des DVD qui ont été exposés. Je procède donc par élimination. Les DVD, ça ne sert à rien – y'a Internet –, donc non. Par contre, juste à côté, c'est quoi ? On dirait des balles de golf. C'est pas possible. Je le sais. Les balles de golf sont blanches. Celles-là sont violettes. Les balles des golfeurs sont seules. Là, elles sont attachées l'une à l'autre par une grosse ficelle noire. Je crois que ces trucs se mettent dans le cul ou le vagin, non ?

– Tu veux les boules de geisha, Loli ?

Parce que je les fixe, ma mère pense que je les veux. Des boules de geisha, donc. Je le savais. Ni papa ni maman ne jouent au golf de toute façon. Les geishas sont des sortes de courtisanes tradi japonaises, non ? Je crois qu'elles existent depuis des siècles. Ça veut dire que ça fait plus de 200 ans que des femmes japonaises se foutent des balles de golf dans la chatte et que c'est tellement bien que le bouche-à-oreille a dépassé les frontières pour se propager en France, en 2012, un samedi matin, jusque sur la table de ma cuisine. C'est ça, la mondialisation, dirait madame Pucheau. Tiens, ça me fait penser que j'ai pas relu le dernier cours de géo.

Ma mère se tourne vers mon père et dit :

– Elle est peut-être un peu jeune, non ?

Puis elle pivote vers moi pour commenter, comme si je n'étais pas là :

– Elle met même pas encore de tampons, puisqu'elle n'a pas encore ses règles.

– Laisse-la ! C'est privé, enfin ! la coupe mon père.

– Oui, c'est vrai. Pardon, ma puce.

En vrai, j'ai essayé de mettre un tampon le mois dernier pour me préparer mentalement pour quand j'aurais mes règles. Tout le monde les a depuis la 5e, mais pas moi. Je suis la dernière de mon groupe de potes. Mais bref. Je suis pas faite pour les tampons. Je comprends pas, j'ai essayé, mais ça voulait pas entrer dans mon vagin. Ça me brûlait même ! Je suis inquiète parce que, si j'arrive pas à mettre un mini-tampon « flux léger », j'arriverai jamais à faire sortir un bébé. Ou à faire entrer une bite. Comme celle en plastique au milieu de la table.

– Loli ? demande ma mère.

Je sens que les parents s'affolent de mon silence. Je dois les rassurer, alors je les rassure.

– Faut que je réfléchisse un peu.

– Prends ton temps, ma puce, me dit ma mère clairement soulagée. Et toi, Thomas ?

– Vas-y, j'ai besoin de rien, moi.

Pfff, ben voyons. Même les parents n'y croient pas. Le mec, je l'entends (mal) jouer *Angie* sur sa guitare pendant des heures. Quelqu'un qui joue autant (sans s'améliorer) ne peut pas être sexuellement épanoui. Impossible. D'ailleurs, les parents ne tombent pas dans le panneau. Ils lui tendent un bouquin sur « le secret de l'orgasme féminin » en clamant que sa future copine le remerciera un jour.

Ça a l'air trop cool comme livre ! Pourquoi je l'ai pas vu ? Je le veux. Faut que je sache le secret de l'orgasme féminin. Les indications seront forcément plus claires que ce que m'a écrit ma cousine. Même si elle est déjà bien expérimentée. À 10 ans, elle avait déjà réussi à se mettre un crayon dans la chatte. Respect. Elle m'a proposé de tester, mais j'avais trop peur que ça me transperce. C'est elle aussi qui m'a montré mon premier porno. Sur Internet, bien sûr. Pas sur un DVD, hein…

C'est trop tard, je ne connaîtrai jamais le secret de la jouissance des femmes, car mon frère s'est déjà barré avec le bouquin et il me le prêtera jamais. Il me prête jamais rien. C'est un sale égoïste. Il me reste que des trucs pourris maintenant : les DVD. Merci, c'est nul. Des préservatifs que je peux déjà avoir gratos au planning familial (même si je n'y suis jamais allée), donc inutiles. Des balles japonaises qui font 10 fois la taille de mon tampon que j'ai jamais réussi à me mettre. Et une énorme bite en plastoc, visiblement cassée. Au bout, un cordon – comme un cordon ombilical – pendouille, ne menant à rien. Merci papa, merci maman : ils nous refilent leurs déchets. J'espère au moins qu'elle a été nettoyée... Les connaissant, certainement pas.

– C'est quoi ce fil ? je leur demande, incapable de résister.

– Ça ? s'étonne ma mère, prise de court par ma question, c'était relié à un autre godemiché plus petit. Pour une DP.

– C'est quoi, une DP ?

– C'est pas important. Juste, l'actrice a cassé l'autre sur le tournage. Mais celui-là marche très bien. Je t'assure.

Elle le met en marche pour me le prouver. Le bruit ! Pire que la guitare de Thomas ! Si je l'allume dans mon lit, tout le monde saura quand je l'utilise. Et combien de temps. C'est pas un gode, c'est un tracker. Le Big Brother des vibros. Par-dessus le bruit, mon père essaye quand même de parler :

– Tu sais quoi, ma puce ? On va te faire un petit assortiment. T'auras un peu de tout. Et si tu ne t'en sers pas, tu n'auras qu'à nous le rendre. D'accord ?

– D'accord, je réponds sagement.

Même si on sait tous les trois que jamais je vais revenir les voir en leur disant que la BD qu'ils m'ont choisie était chiante et qu'ils ont des goûts de merde en porno. Deux étoiles sur Cdiscount.

Mon père me sélectionne 5 DVD, une BD qui s'intitule *Druuna*, une autre sur le Kamasutra, du lubrifiant, pas les boules de geisha (tant mieux), mais le godemiché oui par contre. Je les prends et je dis merci. Je filerai les DVD aux gars de ma classe. Ça va les faire marrer. Surtout Mehdi.

– Loli ! Les capotes ! s'exclame mon père en se frappant le front.

Comme j'ai plus de place dans les mains, il me glisse la boîte dans ma poche. Forcément, celle où j'ai ma culotte mouillée.

– Merci, je réponds.

Je vois bien qu'il est gêné, qu'il a envie de me demander pourquoi ma poche est mouillée. Mais il dit rien. Moi non plus.

– Loli ?

Au tour de ma mère cette fois.

– Pense à mettre ton bol de Chocapic dans le lave-vaisselle ! C'est encore moi qui l'ai fait ce matin, je suis pas ta bonniche. Dis-le à ton frère aussi !

– OK, je marmonne, ailleurs.

J'hallucine : mes parents sont pornographes ! (Ça existe, ce terme ?) Dans l'escalier, je fais tomber le godemiché, qui se prend toutes les marches dans la gueule. Le pauvre. Je le regarde se tortiller sans réagir. Sans même essayer de le sauver. (Mais bon, il a connu pire.)

– Ça va, Loli ? demande mon père sans sortir de la cuisine.

– Ouais.

Sérieux… mes parents… Producteurs de pornos !? C'est pas possible.

Chapitre 2

– Oh oui ! Oh ouiiiii !

Oh non… Qui baise ? Sérieux, il est 9 heures du mat. C'est mon jour off. Ça ne peut pas être les parents : j'entends mon père ronfler. Y'a une femme de facto, pas Thomas non plus.

En pyjama, je m'assieds dans l'escalier et je tends l'oreille. Une oreille affûtée et expérimentée. Le verdict est rendu. À mon avis, on a affaire à Emma, 21 ans. Déjà mariée. Déjà 3 enfants. (Alors que moi, à 25 ans, j'ai rien de tout ça.) Évidemment, le mec d'Emma (militaire, je crois) ne sait pas qu'elle s'est lancée dans le porno, mais elle nous a dit que, même s'il savait, il s'en foutrait. Je ne pense pas. Elle doit se dire que ni lui ni personne ne remontera jusqu'à elle. Même si tout le monde voit son visage et son cul, elle sera noyée parmi toutes les filles. Elle se sent invisible parce qu'elle a pris un pseudo. Milénée. Ça se retient.

Je sais pas qui est le gars avec elle, par contre. Robin ? Non, il tourne pour Dorcel en ce moment. Ça doit être l'informaticien. Le timide. Je me rappelle plus son nom. Ça commence par un T quelque chose. Thierry ? On ne l'entend pas, d'ailleurs. Allez, le timide, grogne un peu !

Fais croire que tu t'amuses. Je me relève et retourne dans ma chambre. Le temps de m'habiller, ils auront peut-être fini.

Non. Toujours pas. Si je descends et qu'ils me voient, je vais faire stresser l'informaticien. Tomtom me répète que je suis pas du matin et que j'ai l'air vénère avec mon « bitch resting face ». Le pauvre amateur va débander direct. La prise va être ruinée. Thomas va perdre une bonne heure… et il va blâmer qui ? Bibi. J'attends, alors. 5 minutes.

Déjà 10. Putain mais j'ai faimmm. Faim. Faim. J'espère au moins qu'ils baisent sur le canapé et pas sur la table de la cuisine. Que je puisse accéder à mes Chocapic. Et puis ce n'est pas le canapé, c'est MON canapé. Celui que je vais récupérer quand je déménagerai. Si quelqu'un est tué dessus, le légiste sera dans la merde. Il va trouver des centaines d'ADN différents concentrés sur un mini-bout de tissu. Jamais la police ne trouvera le coupable. Les soupçons se porteront alors sur nous. Pour eux, il faut forcément être une famille de psychopathes pour laisser des inconnus (pire ! des employés) niquer sur son canapé. Faut vraiment que je le fasse nettoyer, mais, pour ça, faut trouver le bon pressing pas trop cher, après faut porter le canapé jusqu'à chez lui… Le temps qu'il le nettoie, ça veut dire ne pas l'avoir pendant une semaine, voire plus. La police ne se rend pas compte : on a besoin de ce canapé. C'est le turnover du cul chez nous.

Je ne t'entends plus, Emma. Emmaaaa ?! Tu nous fais une petite extinction de voix ? Une pause clope ? Allez, je tente le tout pour le tout. Si je prends mes Choco sans lait, ça peut le faire, je mangerai dans ma chambre.

Je file dans l'escalier. Dans la cuisine, la voie est libre. Mais, pour l'atteindre, il faut passer par le salon, où y'a l'équipe de tournage et mon frère.

– Ah Loli, me dit Thomas, positionné derrière sa caméra.

Il est flanqué de Clément, qui porte son casque son comme un collier. Et sa perche micro comme une canne à pêche. Mon frère s'approche de moi en mode rapace. Je l'arrête tout de suite.

– C'est mon jour off.

– Je sais, je sais. C'est juste qu'on a zappé de recommander des préservatifs…

Affalée sur le canapé, à poil, Emma me lance un salut poli :

– On finit bientôt ? J'ai ma gosse à aller récupérer à 16 h 30.

Elle a glissé un plaid entre ses cuisses, histoire de se couvrir un peu. Les gens sont vraiment sans gêne. Pour qui elle se prend ? C'est mon plaid ! Heureusement, un plaid se nettoie plus facilement qu'un canapé. De toutes façons, je commençais à m'en lasser. Je le filerai à maman, tiens.

De dos, l'informaticien, la fesse molle, fait face au mur, sans oser me regarder. C'est bien, qu'il reste concentré.

– Allez, Loli. S'il te plaît. Tu peux pas faire un saut à la pharmacie ? C'est ton job de vérifier qu'il y en a toujours…

Quel bouffon ! Ce n'est pas de ma faute s'il passe son temps à les perdre ! Ils s'enfilent ces capotes comme des Dragibus dans cette boîte.

– T'en as pas dans ta chambre ? je demande.

– T'en as, toi ?

– T'as demandé aux parents ? je rétorque.

– Tu veux les réveiller pour leur demander des capotes ?

Il me regarde. Je le regarde. Je cède.

– Bon. OK, j'y vais…

Quelle merde soumise je fais.

– OK, top ! On fait la branlette espagnole en t'attendant. Fonce.

– Tant qu'on finit à l'heure, réitère Emma, ma puce a judo à 17 heures.

Mon frère se penche et baisse la voix, pour qu'on ne l'entende pas.

– Tony va pas tenir longtemps. Il est nerveux…

Ah. Tony. Pas Thierry.

– C'est un grand fan d'Emma ? je demande.

– Non. De moi.

Mon frère, je le connais depuis 25 ans. Mais je le connais pas du tout. Si, demain, la police débarque et arrête Thomas en proclamant que c'est un tueur en série, je les croirai sur parole. Dès que tu poses une question personnelle à Tomtom, c'est dingue, il te renvoie la balle et c'est toi qui finis par répondre à tes propres questions. Il ferait un super flic aussi. De ceux qui savent interroger les criminels. J'ai appris que Tomtom sortait avec Guillaume alors qu'ils étaient déjà ensemble depuis deux ans. Je ne savais même pas qu'il était gay. Je pensais qu'il était asexuel. Quand Guillaume et lui ont rompu, je l'ai appris un an plus tard. Personne ne sait ce qui s'est passé entre eux. Même pas maman. Pourtant elle sait tout. Normalement, elle harcèle sa proie jusqu'à ce qu'elle craque et lâche tous les détails de sa vie. Mais son fils est retors. Elle n'ose pas demander ce qui s'est passé. Qui a rompu ? Pourquoi ? Je sais ce qu'il répondrait. Il hausserait les épaules, dirait qu'il ne sait pas trop et me demanderait si de mon côté ça avance. Comme je peux évidemment pas lui dire mon secret, la conversation s'arrêterait là. Du coup, c'est dommage, on n'a que des conversations superficielles : on parle capotes, tests HIV, DP, caméras, budget, Chocapic...

Normalement, j'achète tous les préservatifs de la boîte sur Amazon. Mais la pharmacienne au bout de la rue est sympa. J'ai pitié. Sa boutique est toute petite. Et elle m'offre systématiquement une boîte quand j'en prends quatre. Elle pense être moins chère qu'Amazon en faisant cela.

En mode automatique, je prends mes boîtes et me mets dans la queue. Avant, j'étais hyper gênée d'aller à la pharmacie. J'avais l'impression que tout le monde me regardait. Que les retraités me jugeaient. Comme celle juste devant moi, avec ses lunettes carrées et ses cheveux laqués. Elle doit penser que je suis une nympho avec toutes mes capotes. Eh ben, je m'en fous ! Ça me fait sourire même. J'irais jusqu'à dire que ça me plaît, ce petit côté provoc'.

– Loli ?

C'est qui ?

Oh non. Non. Non. La honte. Je me suis même pas lavé les dents, putain. C'était le truc cool du Covid. Avec les masques, personne n'a eu mauvaise haleine pendant un an et demi.

– C'est Mehdi.

Mehdi Driss. La seule personne du bahut qui n'a jamais eu de boutons. Celui qui se tient dans la queue derrière moi, avec sa peau parfaite.

– Oui, bah, je sais, Mehdi. Ça fait longtemps… T'as une barbe maintenant ?

Mehdi, mon premier baiser. Celui avec qui j'ai failli le faire. Le mec que j'ai aimé le plus au monde. Le seul.

– Ouais, c'est surtout la flemme en vrai. T'as besoin d'aide ? T'as l'air chargée…

Mais pourquoi il est à la pharmacie à 9 heures du mat un jeudi, putainnnn ? Il achète quoi ? Une boîte de Doliprane. Le truc le plus bateau au monde. Fait chier. Si c'était une crème contre les hémorroïdes, ça aurait équilibré la honte.

– Non, non, c'est bon. Merci.

– Si, laisse-moi.

La pharmacienne s'y met :

– J'ai une réduc supplémentaire aujourd'hui ! 2 boîtes achetées, 2 boîtes offertes.

Mais ta guuueule !

– Oui. Merci, je réponds faiblement.

Vite, parle. Dis quelque chose. Sois drôle. Non, ne sois pas drôle : ça va te mettre sous pression.

– Dis-moi que t'habites encore chez tes parents, je lance.

Il se marre, mais j'insiste.

– Encore mieux, dis-moi que t'es au chômage. Que toi non plus tu t'es pas brossé les dents avant de sortir.

– Je me suis pas brossé les dents.

– Tu sais me faire plaisir.

Mon Dieu qu'il est beau.

– Ça va ? Tes parents continuent à faire… leur truc… ?

– Ouaip. Ils sont toujours dedans.

– Et tu bosses avec eux… ?

Comment il sait ?

– Avec Tomtom, on s'est croisés y'a un bail. Il m'a dit que vous aviez rejoint la petite entreprise familiale.

Voilà. C'est bien ce que je disais. Je ne connais pas la vie de mon frère. Apparemment, il parle à mon ex et lui balance ma vie sans me prévenir. Je grommelle un « tout se sait, dis donc » en prenant sur moi.

– Toujours. T'as Insta au fait ? il demande.

Yes. Et je sais que tu l'as aussi, Mehdi, parce que j'ai tapé ton nom plein de fois, mais t'as un compte privé et tant mieux parce que sinon je t'aurais *stalké* comme une folle dingue.

– Oui, mais je ne suis pas très active.

Comme ma vie sexuelle ! Ah ! Auto-vanne.

– Moi non plus. Je poste jamais rien. C'est Loli_008, c'est ça ?

– Ouais. Super original, hein ?

« Super original ?! » Qu'est-ce qui me prend ? C'est n'imp. J'ai l'air conne. Arrête de parler.

Il me regarde avec ses grands yeux noirs interrogateurs, son téléphone à la main, attendant la fin de ma phrase que j'ai déjà oubliée. Vite, relance. Je pose une question à tout hasard, même si je connais la réponse :

– D'ailleurs, tu bosses dans quoi ? Je me rappelle que tu voulais faire STAPS ?

– Ouais. Non. Maintenant, je suis dans l'immo.

– Agent immobilier ?

– Oui.

– Sympa.

– Non. Chiant.

– Regarde-nous. On a 25 ans : on est déjà usés et blasés de la vie. C'est triste.

Mon Dieu, ce sourire qu'il me lance. Je fonds. Je mouille.

– Je pense, me lance-t-il, qu'à 40 ans ça va s'améliorer.

– Tu crois ?

– Ouais, j'ai déjà prévu de m'acheter une Ferrari. J'économise, là.

– Une rouge ?

– Forcément.

– C'est bien. Ça va radicalement changer ta vie, tu verras.

– C'est sûr.

Bip ! Mon téléphone. C'est Thomas. « T'en es où ? »

– Ah merde, faut que j'y aille !

– Ah, tu bosses ?

– Non, c'est mon jour off. Je dépanne juste mon frère.

Un blanc. Tant pis je me lance.

– Ça te dit pas d'aller prendre un café ?

– Bien sûr. Maintenant ?

– Faut juste que je dépose les…

– Oui. Oui. On se retrouve à la brasserie de la Gare ?

– Ça marche. J'en ai juste pour 5 minutes. 10.

Bip, Bip, Bip ! Thomas se lâche et m'enchaîne : « Tu fous quoi ? », « Tony faiblit là ! », « Grouille ! ! ». La pharmacienne prend les préservatifs et les met dans un sac.

– Eh ben. On te veut !

– C'est juste mon frère. Le devoir m'appelle. Bise ! À toute !

Et je file avec mes ruminations mentales. « Le devoir m'appelle ? », « Bise ». Mais c'est nul, ça. Je déteste les gens qui disent *bise*, mais qui ne font pas la bise. Dis au revoir ou salut à la place ! Pourquoi j'ai dit ça ? Il doit penser que je suis ridicule.

Et je l'ai accepté trop vite sur Insta ! J'aurais dû virer la photo de moi avec un double menton.

Et pourquoi j'ai dit « super original » ?

Tais-toi, la pucelle. Arrête de penser. Arrête de parler.

Meeerde, les préservatifs ! Dans la précipitation, je les ai oubliés sur le comptoir.

Chapitre 3

– T'as pas pris les bons, m'assène mon frère, d'un ton sec.

Je sens qu'il est saoulé que j'aie mis autant de temps à la pharma. Il cherche la petite bête pour rien. Mais j'ai pas le temps pour ça. Mehdi m'attend. Ma vie en dépend. Je dois me brosser les dents. Je lui jette une excuse bidon.

– Pardon, mais y'avait la queue.

Faut que je mette du déo. Et du parfum. Non, le parfum, il va sentir que j'en ai mis, ça va faire désespérée. Ce que je suis, mais, ça, il a pas besoin de le savoir.

– Mais regarde, Loli ! T'as pris goût « banane ».

Quoi ?! Merde. Merde. Merde. Je sens que Clément avec sa perche me juge. Qu'il se dit comment elle a pu faire une erreur de débutante comme ça ?!

Tout ça, c'est la faute de Mehdi. Il m'a déconcentrée en re-rentrant dans ma vie sans prévenir. L'actrice vapote un peu plus loin à la fenêtre, cul nu, mon plaid sur ses épaules pour éviter d'attraper froid. Elle tend le cou, cherchant à comprendre ce qui se passe tout en nous rappelant que sa môme a sa compét' de judo. Je regarde les autres boîtes en stress. Pitié qu'il y ait au moins l'une d'entre elles sans goût.

Fraise.

Encore banane.

Et fraise.

Putain… Je comprends mieux pourquoi la pharmacienne m'a fait une super réduc. Je suis tellement dégoûtée. C'est un truc que les gens normaux ne peuvent pas comprendre. Eux, ils vont tester les capotes goût banane une fois. Le même jour, ils ont sûrement acheté des menottes plumes et des porte-jarretelles. Tout émoustillés par leurs achats, ils vont essayer le tout quelques jours pour « pimenter leur vie sexuelle ». Le reste de l'année, ça va moisir dans un carton sur l'étagère la plus haute de leur dressing. Mais nous, on ne pense qu'à ça. Dans notre monde à nous, les préservatifs goût banane, fraise ou cerise, c'est l'enfer sur terre. Ils ont dégoûté des tonnes d'actrices des fruits à vie. À mon avis, ces capotes sont responsables de beaucoup de carences en vitamines C. Un préservatif, c'est censé avoir un goût de plastique. Avec un arrière-goût de lubrifiant à l'eau. C'est tout.

L'actrice s'approche. Je sens bien qu'elle a envie de me gueuler dessus. Qu'elle en peut plus des bananes et des fruits rouges. Mais elle prend sur elle.

– C'est pas grave (elle me souffle quand même sa fumée odeur barbe à papa dessus), je mettrai la capote avec les doigts. Ou il (« il », c'est-à-dire le pauvre Tony qui tente désespérément de garder son érection au milieu de ce bordel) la mettra lui-même. Par contre, faut vraiment se magner, je peux pas être en retard.

– Merci beaucoup, Emma, je la coupe.

– Milénée, me corrige-t-elle (c'est trop personnel de l'appeler par son vrai prénom).

Thomas, lui, est hyper déçu. Il tente de négocier. Emma est l'actrice qui sait mieux que toutes les autres mettre le préservatif avec la bouche. C'est LE plan qu'il voulait boucler aujourd'hui. Et j'ai tout gâché (bon, il me dit pas cette dernière phrase, mais je sens qu'elle est sur le bout de sa langue).

Milénée secoue la tête : la banane, c'est pas possible. Si encore c'était goût menthe ou même chocolat, ça serait passé. Mais là, non. Thomas ne dit rien. Suspense. Milénée tient bon. Moi, j'aurais craqué. Tomtom finit par sortir un petit « tant pis, c'est pas grave ». Je m'attendais à ce qu'il insiste plus, qu'il lui sorte son grand discours autour de notre petite boîte familiale : nous, contrairement aux autres, on ne tourne qu'avec capotes. Pourtant ça se vend moins bien que les scènes sans. Mais il (nous) est prêt à faire ce sacrifice au nom d'un porno plus éthique. Alors tout le monde (surtout toi, Milénée) devrait mettre du sien.

– Je peux retourner à la pharmacie vite fait ?

Est-ce que j'annule Mehdi ? Ça fait 15 minutes qu'il attend… Mais je peux pas lâcher Tomtom comme ça. Pas après ce que je viens de faire. On se tourne tous les deux vers le pauvre Tony, qui doit avoir une crampe à l'heure qu'il est. On peut pas lui remettre 15 minutes dans la vue. Il a besoin de jouir, le malheureux.

– Tant pis, y'a personne pour récupérer ma fille, là, insiste lourdement Emma.

Oui, on a compris que tu devais aller chercher ta gosse !

À ce stade, je ne peux plus rien faire, je peux partir. Mais je m'en veux. J'offre d'aider d'une autre manière :

– Tu veux que je checke les ID et les tests HIV ?

Mais non ! Qu'est-ce que je fais ? Je dois rejoindre Mehdi. Je m'auto-sabote complètement. Heureusement, Thomas est tellement vénère qu'il me dit :

– Laisse. C'est ton jour off.

Son ton froid marche mieux sur moi que sur l'actrice. Je m'en veux encore plus. Non. Je refuse de me faire happer. Tu sais quoi, Thomas ? Je m'en fous. Oui, parfaitement, c'est mon jour off ! Je vais retrouver Mehdi et reprendre le cours de ma vie, qui s'est arrêtée il y a 11 ans. Peut-être qu'aujourd'hui sera *The* jour où je vais me remettre avec lui. Ça effacera, je l'espère, ce jour fatal où j'ai acheté des préservatifs goût banane.

Je sors et réalise dans la seconde que j'ai oublié les clefs. La bouffonne ! J'hésite à re-sonner. Si mon frère m'ouvre, il va être encore plus saoulé. Si j'attends, ils vont être en train de tourner, mais je risque d'interrompre une scène. Tant pis. J'attendrai dehors jusqu'à ce qu'ils aient fini leurs affaires. Une seule boulette dans la journée suffit.

Je fonce dans la rue en essayant de ne pas penser à Mehdi. Je pense à Mélissa à la place. Ma meilleure pote. C'est la première personne à qui j'ai dit que mes parents travaillaient dans le porno. Comme elle en regardait déjà, je me suis dit qu'elle ne me jugerait pas. Je me rappelle qu'elle m'a demandé le nom de la boîte de mes parents, mais je n'en avais aucune idée. Alors elle a tapé le nom de mon père sur Google et a fini par trouver le site. Je ne voulais pas aller dessus. J'avais l'impression que ça ne me regardait pas. Comme si j'entrais dans leur chambre sans permission. (J'avais peur d'y découvrir d'autres secrets : et si mes parents étaient aussi acteurs… ?). Mélissa, elle, fouille souvent dans la chambre de ses parents. Elle considère qu'elle a le droit parce que sa mère lit son journal intime. J'ai fini par accepter qu'on aille sur le site, mais j'étais mal à l'aise. Ça devait rester notre secret. On dira rien à personne. Elle jure, hein ?

Le lendemain, à la cantine, tout le monde savait. Mélissa s'est défendue : elle n'avait rien dit ! Mon frère avait dû le dire à ses potes et la rumeur s'était répandue. Heureusement, tout le monde était fasciné. On me posait des questions. On poussait des « oh », des « ah » et des « c'est dingue ». J'étais un peu une star. Puis ça a vrillé. Quelques semaines plus tard, des mecs me frappaient les fesses dans le couloir, des mots circulaient, on me traitait de pute. J'ai attendu, mais ce n'est jamais passé. Un jour, en cours de SVT, des bouffons se sont amusés à me jeter des tampons et des préservatifs. Je ne me laissais pas faire et ripostais avec leur propre projectile, mais ils étaient trop nombreux. Mélissa, assise à côté de moi, ne disait rien. Pire, je crois qu'elle pouffait. Un des projectiles a atterri sur la prof.

– Qui a lancé ça ?

Comme la plupart ricanaient et ne répondaient pas, elle a déclaré que tout le monde serait puni.

Lucien – l'un de mes tortionnaires – s'est mis debout pour protester. C'est dégueulasse ! Pourquoi ils seraient tous punis alors que c'est *elle* qui s'amuse à balancer toutes ses merdes depuis le début. (Elle, c'est moi.) J'étais tellement sidérée que je me suis pas défendue. La prof a pris mon silence pour un aveu et m'a punie. 4 heures de colle. J'ai explosé en sanglots. Mais parce que Lucien rackettait les gens, personne n'a voulu m'aider. Pas même Mélissa. C'était terrible. Je suffoquais. J'avais envie de mourir. De me balancer par la fenêtre en clamant mon innocence pour que tout le monde s'en veuille pour toujours. Mais la sonnerie a retenti : tout le monde est sorti. Sauf une personne. Un brun assez fin. Un mec populaire parce qu'il était bon en sport et qu'il s'habillait bien. Je voyais qui c'était parce que Mélissa en était secrètement amoureuse, même si elle m'avait jamais rien dit. Il s'est approché de la prof et a déclaré que je n'avais absolument rien fait. C'était bien Lucien, le coupable. La prof a maugréé qu'on la faisait tous chier, mais a levé la punition. Le garçon m'a lancé un sourire, puis est sorti. C'était Mehdi.

Les jours suivants, Mehdi venait me parler par-ci, par-là. Il prenait soin de m'aborder devant tout le monde. À force, le regard des autres a changé. Si Mehdi daignait me parler, c'est que je ne devais pas être une pute et une salope. J'ai commencé à être pote avec son groupe d'amis à lui. On passait nos journées à se marrer, à regarder des vidéos connes sur Internet, et à traîner au McDo. Lui et moi, on s'est mis à défendre les boloss qui étaient victimisés. On était la brigade anti-bully. Une fois, je lui ai demandé pourquoi il prenait toujours la défense des élèves harcelés. Il a haussé les épaules et m'a expliqué d'un air détaché que ses grandes sœurs avaient énormément souffert de racisme quand elles étaient à l'école. Personne n'avait jamais pris leur défense. Or, lui avait la chance d'avoir été épargné. Alors il aidait ceux qui n'avaient pas de bol.

Même quand on a commencé à sortir ensemble, je n'ai jamais dit à Mehdi que c'était sans doute ce jour-là que j'étais tombée amoureuse de lui.

Chapitre 4

Est-ce que ça se lit sur mon visage que je suis toujours vierge ? Est-ce qu'il peut le sentir ? Si ça se trouve, l'hymen a une odeur particulière que notre cerveau animal peut détecter. Si ça se trouve, Mehdi me regarde et il sait : je pue la pucelle.

– La table est pétée, me dit Mehdi.

– Quoi ?

– La table, là, elle est hyper bancale. Regarde.

On est assis l'un à côté de l'autre dans la brasserie de la Gare. J'aurais préféré qu'on prenne une table avec des chaises l'une en face de l'autre. La position sur le côté me gêne. Ça fait très intime. Dès que je me tourne vers lui, j'ai l'impression d'être collée à lui comme dans un lit (même si, concrètement, qu'est-ce que j'en sais ? Je n'ai jamais dormi avec un homme).

– On peut changer de table si tu veux ? je propose.

Ça m'arrangerait. De si près, il peut voir tous les détails de ma peau. Le bouton sur le menton que j'ai essayé de percer, mais que j'ai raté. Mon fond de teint trop foncé. Ma moustache.

– Non, non, non, c'est bon. C'est pas grave. (Il me sourit.) Tu veux de la bière ? Un demi ? Un quart ? Une pinte ?

– Ils font que de la bière ici ?

– Je sais pas. On demande la carte ? Putain cette table !

– Qu'est-ce que tu fais ?

Non mais... Le mec se fout à quatre pattes sous la table.... Est-ce qu'il était aussi névrosé quand on avait 14 ans ? Je me rappelle d'un Mehdi qui avait tout gratuit. C'est le bagout, disait la prof de chimie qui l'adorait. On lui offrait de la bouffe, des vêtements... juste parce qu'il était charmant. Mais surtout parce qu'il négociait tout, connaissait tout le monde, osait tout demander. Peut-être que c'est pour ça qu'il est devenu agent immo ?

Pourquoi il a choisi ce bar à la gare de Meudon aussi ? Avec un ticket Meudon-Val-Fleury-Paris, on aurait été en 20 minutes dans un autre bar du même style (trop cher), mais au moins avec vue sur la tour Eiffel.

– Donne-moi une serviette en papier steu plaît.

Il me frôle la jambe. Je sursaute. Bordel, relève-toi ! Je suis pas épilée !

– Ça bouge encore pas mal, non ? dit-il en secouant la table comme un vibro.

Le serveur arrive.

– Je vous sers quoi ?

Il ignore l'autre sous sa table.

– Vous avez une carte ?

– La carte est sur l'ardoise là-bas, madame.

Madame ? Non, monsieur, on peut pas appeler une pucelle « madame ».

Toujours sous la table, Mehdi demande un bout de carton pour caler la table. Et une pinte de leur blonde pression.

– À 9 heures du matin ? je m'étonne.

– Il est presque 10 heures.

Il relève la tête et pose son regard sur le serveur.

– Étienne ?

– Ouais ?

– C'est Mehdi. J'ai trouvé un plain-pied pour ta mère l'année dernière. Près de l'Observatoire.

– Ah mais oui !

– Elle s'y sent bien ?

– Grave.

Ils partent dans une conversation animée sur le marché et le taux d'intérêt. Je sens que si j'interromps pour dire à Étienne le serveur de dégager, ça va casser l'ambiance… J'hésite et je décide de choisir l'option sournoise. Je fais bouger la table du pied pour réactiver la névrose de Mehdi. Ça marche. Il replonge sous la table en demandant une pression.

– Je te l'offre, lui dit Étienne.

– Je prends la même chose, j'ajoute, même si tout le monde s'en fout.

Aucune personnalité. Mais c'est une stratégie. Ce que l'on commande révèle beaucoup sur qui on est et je ne suis pas encore sûre de qui je suis. Est-ce que je suis plutôt vin ou bière ? Ou sans alcool, mais faut assumer derrière. Il y a ceux qui ne prennent que du Coca Zéro. Ceux qui prennent un jus de fruit pressé, sans pulpe, précisent-ils. On a aussi les fans de café. D'un côté, il y a la team americano et café long (souvent, ils aiment le Coca Zéro), la team bobo flat white, et ceux qui veulent du café mais qui n'aiment pas ça au fond et qui prennent le lait, la crème, le chocolat, tout ce qu'ils peuvent pour couvrir le goût.

– Tiens !

Le serveur tend un bout de papier de son carnet de serveur. Mehdi remonte enfin. Tout content, il secoue la table (qui ne bouge plus) en souriant comme un gosse.

– C'est mieux comme ça, non ?

Je me demande à quoi ressemble sa bite.

Arrête, Loli. Arrête de penser au sexe tout le temps… Et arrête de t'adresser à toi-même à la troisième personne. C'est mégalo et chelou.

Absolument, je réponds, c'est génial. Fantastique même.

J'aime bien sa tête quand il comprend que je me fous de lui. Ça le rend tout mignon.

Le serveur nous pose les deux pintes sur la table. Mehdi me fixe, un peu moqueur :

– Toute une pinte, tu vas tenir ?

– Non. Je tiens mal l'alcool.

– Je m'en rappelle. La vodka surtout.

C'est insupportable d'être aussi beau. Ça devrait être interdit. Je me rappelle la première fois qu'il est venu chez nous. Ma mère m'a fait remarquer qu'on voyait le haut de ses gencives quand il souriait. Elle, elle ne pourrait pas. Merci maman. À cause d'elle, je n'avais plus du tout envie de l'embrasser. Mais la vodka-Coca 3 semaines plus tard m'a fait changer d'avis. LE moment le plus stressant de ma vie. J'avais tellement peur qu'il me dise : « Tu sais pas embrasser en fait ! » Mais il m'a dit : « Ça se voit que tu t'y connais. »

C'était la pire chose à dire.

– Est-ce que c'était bien parce qu'on était torchés ? il demande

(Bingo, il pense à la même chose que toi. On est connectés, c'est le destin.)

– C'était bien parce qu'on n'avait pas de quoi comparer avec d'autres.

– Toi, oui.

– Oui, c'est vrai.

Merde, comment mon mec imaginaire s'appelait déjà ? Arthur ?

– Comment va Adrien ?

Ah oui, Adrien, c'est ça.

– J'en sais rien. C'était y'a 11 ans. Il est peut-être mort ?

– D'un accident de skate sûrement.

– C'est ça.

J'avais complètement oublié que j'avais inventé une passion skate à Adrien mon copain imaginaire avec qui j'ai perdu ma virginité. Les mensonges les plus crédibles sont ceux qui collent à la réalité. Alors j'ai pris Adrien, le perchman de 18 ans qui bossait pour mon père à l'époque. Ça n'aurait pas été crédible de l'avoir fait avec un acteur porno. Un perchman majeur, ça faisait plus « vrai ». Je lui ai inventé une passion pour le skate, des frères et sœurs, un vélo (bizarre s'il a un skate, mais bon, ça va, je suis pas Simon Leviev non plus), des Adidas qu'il n'enlevait jamais, des chaussettes toujours dépareillées, une addiction au Coca, une date d'anniversaire.... après ça, je pouvais plus dire à Mehdi que j'avais tout inventé. Je me la pétais parce que mon père était producteur de pornos, mais je n'y connaissais rien. Je voulais juste l'impressionner. Tous ces mensonges, dont je ne me rappelle pas la moitié... Ça m'angoisse rien que d'y penser. Vite, change de sujet.

– Et toi ? Avec Maria ?

Ariane. Mais je fais exprès. Pour voir s'il réagit.

– Ariane, me corrige-t-il.

Au bout de deux mois de relation, Mehdi s'attendait à ce qu'on le fasse. Tous ses potes l'avaient fait, sauf lui, disait-il. Deux mois, c'est long quand on l'a déjà « fait » dans les toilettes d'un bar avec Adrien-le-percheman. Le jour où on était censés le faire, je me suis dégonflée comme une merde. Je pouvais plus lui dire que je n'étais (suis) qu'une petite pucelle, alors je lui ai dit que je m'étais remise avec Adrien. Que je ne pouvais pas lui faire ça. Il était devenu suicidaire à cause de notre rupture : j'avais peur qu'il se balance par la fenêtre. Il fallait que je retourne avec lui. Je pensais que Mehdi allait s'énerver. Je pensais qu'il allait se battre pour qu'on reste ensemble. Mais, à la place, il a dit : « Je comprends. » Il m'a proposé de rester « potes ».

Trois mois plus tard, juste avant les vacances d'été, il était avec Ariane. C'est avec elle qu'il a perdu son pucelage. Après ça, il a changé de lycée. Tant mieux. Je ne supportais plus de les voir. Ce jour-là, j'ai perdu l'homme de ma vie : ma vie s'est arrêtée. La preuve ! Onze ans plus tard, j'en suis toujours au même point. Vierge. Et j'habite encore chez mes parents. Ridicule.

– Ariane et moi, on a rompu pendant mon alternance, m'explique-t-il.

Le serveur pose à la va-vite une carafe d'eau et deux verres sur la table. Tout de suite, la table se met à tanguer et sa bière menace de gicler. Par réflexe, j'attrape la table avec les deux mains pour la stabiliser. Mehdi l'agrippe aussi et me touche le bout des doigts. Ça me donne la chair de poule. Et me fait pointer les tétons. Merde. J'aurais dû mettre un soutien-gorge. Mais ça va. Mehdi est trop focalisé sur la table.

– Je comprends pas pourquoi elle continue de tanguer !

– C'est dingue ! Elle œuvre contre toi depuis le début. Tu penses que le serveur a retiré les papiers pendant que tu ne regardais pas ?

Il se marre.

– T'as froid ? On peut aller à l'intérieur si tu préfères.

Ah. Donc il a remarqué.

– Ça va, c'est la bière qui m'a refroidie d'un coup.

Oh le vilain mensonge pas crédible.

– Tu vois quelqu'un en ce moment ? me demande Mehdi de but en blanc.

– Oui, mais c'est pas très sérieux. Et toi ?

Mais pourquoi je mythonne comme ça ? J'ai un vrai problème. En fait, je suis vraiment Simon Leviev.

Je lui demande s'il a trouvé son Ariane 2.0 ? Je veux qu'il me réponde : je suis avec personne, Loli. Depuis 11 ans je ne pense qu'à toi. J'aurais dû me battre pour qu'on reste ensemble. Rien à foutre d'Adrien, tu aurais dû le laisser se foutre en l'air. J'ai envie d'être avec toi.

Oui. Je sais. Je suis ridicule.

– Y'avait Caroline.

Ah. *Avoir* au passé, ça s'engage bien.

– Mais on a rompu, il enchaîne.

– Ah, merde, qu'est-ce qui s'est passé ?

Il part dans une explication un peu longue sur le fait qu'elle voulait avancer dans leur relation. Mais il ne se sentait pas prêt. Il n'était pas sûr d'être assez amoureux, etc. Mais j'écoute plus. Ce que j'entends, c'est : « Je suis célibataire. » Il n'est avec personne. Je ne suis avec personne. Il me plaît. Je lui plais (parce qu'il a regardé mes tétons. Deux fois. Oui, j'ai compté). La prochaine étape, c'est de lui proposer de se revoir. Un soir. À Paris. Il suffit de lui dire : allons prendre un verre cette semaine. Mais à Paris cette fois. Dans un bar avec des tables non bancales. Allez, dis-le.

Mais je demande :

– T'es agent immobilier, non ?

– Euh, oui.

Merde, merde, merde. Non seulement je l'ai coupé, mais en plus j'ai changé de sujet de manière hyper abrupte.

– Non, mais je demande ça parce qu'on cherche des maisons abordables où on pourrait tourner, je dis en m'embrouillant. En ce moment, ils tournent dans ma chambre pour économiser.

– Sérieux ? Il y a un porno qui se tourne dans ta chambre en ce moment ?

– T'inquiète. Ils changent les draps après. (Même pas. C'est comme pour le canapé. J'ai trop la flemme. Je le ferai le mois prochain.) C'est juste que c'est un peu galère de trouver des endroits stylés où les gens acceptent qu'on tourne.

– La petite entreprise familiale galère ?

– Ce n'est plus ce que c'était, je réponds en pinçant mes lèvres.

– Franchement, je vais voir. Je peux peut-être te trouver quelques trucs.

– Top merci.

Un silence gênant s'installe. Je panique :

– Si ça t'intéresse, tu pourras venir à un tournage à l'occasion… Histoire de voir comment ça se passe.

Quelle idée de merde ! Pourquoi j'ai dit ça !

– Grave ! Avec plaisir !

– Mais bon, c'est chiant, les tournages, j'ajoute.

Il se marre. Le pauvre : il pense que je fais une blague.

– Bien sûr. Y'a pas de soucis. Tu peux rester pendant le tournage. Et les propriétaires aussi, d'ailleurs. Ça permettra de faire baisser le prix de la loc.

– S'ils restent mater, vous les payez moins ?

– Oui.

– T'as une vie de dingue.

– Bof, je grommelle.

Je le vois bien : il ne me croit pas.

– OK, je te trouverai ça. Un truc bien avec jacuzzi et douche à l'italienne. T'inquiète.

Du coup, c'est mort, j'ai perdu le sujet d'avant. Je peux pas lui proposer d'aller au ciné ou au restau maintenant. Ça ferait trop bizarre.

Et le serveur vient de déposer l'addition. C'est fini.

Je tente un truc.

– Laisse. Tu m'offriras le prochain.

– La prochaine fois, ça sera de la vodka.

– De la Smirnoff. Avec du Coca.

– Ça marche.

C'est sûr, on va baiser (et tomber amoureux). Mais pas tout de suite.

D'abord faut que je perde ma virginité avec quelqu'un d'autre. Mehdi ne doit jamais savoir que j'étais vierge. *Suis.*

Mais bientôt plus.

Bref. Je me comprends.

Chapitre 5

Mehdi.... Mehdi...

Aïe. Aïe. Aïe. L'eau est glacée ! Voilà pourquoi je n'aime pas quand ils tournent à la maison. Les acteurs prennent des douches avant et après et pompent toute l'eau chaude. Je vais juste me laver les jambes, ça ira bien.

Mehdi. Il était le seul Marocain de mon collège. Presque. J'exagère. Il a deux sœurs. Donc trois Marocains en tout. Et il y avait une Arménienne aussi. De mon côté, j'étais la seule fille de la ville dont le père était producteur de pornos. Qu'on le veuille ou non, ça nous distinguait. Je pense que c'est ce qui nous a rapprochés au début. Ça et le catéchisme.

Mes parents m'y ont inscrite pour faire plaisir à mes grands-parents (paternels). Et moi, j'ai accepté d'y aller pour leur faire plaisir. J'ai bien fait. Le caté, le jeudi soir, était le meilleur moment de la semaine. On se marrait tellement. On faisait exploser des pétards sous la chaise où l'on prie – des prie-chaises ? Zut. J'ai déjà zappé le vrai nom, alors que j'ai fait 5 ans de caté. Et ma communion. Et ma profession de foi. Le problème du caté est le même que prendre allemand LV1. On a beau avoir révisé des heures, avoir passé des vacances scolaires à Hambourg, Berlin, Cologne, la seconde où l'on a son bac, tout est oublié. Le cerveau fait le tri et garde l'essentiel. Et l'allemand est très mal placé.

En études, on avait les « volontaires » qui nous dispensaient la parole de Dieu et qu'on surnommait les moutons du prêtre. Et le prêtre. On l'appelait Krisprolls (même devant lui) parce qu'il avait passé plusieurs années en Suède. Le pauvre n'avait aucune autorité. Une fois, on l'a enfermé dans le sous-sol. Pas moi personnellement : je n'ai pas l'esprit aussi tordu et brillant. Mais j'ai fait partie des collabos qui se marraient sans lui venir en aide. À travers la serrure de la porte, il nous a supplié de le libérer. Dans les escaliers de la cave, mes camarades et moi avions éteint la lumière et on l'a écouté parler dans le vide, en pouffant. En fait, il pleurait. Après ça, il a démissionné. Nous étions très tristes. D'autant que le nouveau était moins fun. On l'appelait Tic-Tac. La rumeur courait qu'il avait des petits testicules, de la taille des bonbons à la menthe. Mais je crois que personne n'a jamais vu ses couilles. Par contre, il a chopé les gars de notre classe en train d'organiser des séances branlettes avec Dieu. Le but du jeu était de se masturber et jouir devant tout le monde sans perdre ses moyens. Et nous, les filles, notre jeu à nous, c'était d'essayer de les surprendre.

C'est pour toutes ces raisons que Mehdi a voulu rejoindre notre groupe de prière le jeudi. Et même s'il n'était pas baptisé et qu'il ne croit pas en Dieu, il a pu apprendre tout sur Jésus, les Notre Dieu (Père ?) qui êtes aux cieux et la masturbation en collectivité.

J'aurais aimé participer aux séances « Dieu et la branlette » ou au moins les voir pour avoir quelques tuyaux. Parce que je galère depuis 11 ans. Même là, avec mon pommeau de douche, je suis paumée, je sais pas quoi en faire. À part me doucher, bien sûr. Comment les gens apprennent à jouir avec un pommeau ? Est-ce que c'est inné ? Je suis peut-être paranoïaque, mais j'ai l'impression que tout le monde est allé à un cours secret pour apprendre et personne m'a donné d'invitation. Dans les films de mon père, les filles y arrivent trop bien. Je sais bien qu'elles font semblant, hein. Mais je pense que, si elles le voulaient vraiment, elles pourraient jouir comme ça. Pourquoi ? Parce que, chez elles, elles ont un pommeau de douche dernier cri avec un jet hyper puissant et précis ! Mon pommeau à moi a des plaques de calcaire partout. L'eau s'écoule très mal. Le tuyau fuit à deux endroits différents. Ça donne un filet tout mou qui part dans toutes les directions. Et quand je monte la puissance au max, ça se transforme en Kärcher et ça me décape la peau ! Il n'y a pas d'entre-deux avec cette douche. Rien ne va. Le pommeau en lui-même est beaucoup trop gros pour qu'il puisse entrer dans un vagin (normalement constitué). Je peux pas demander aux parents de changer la douche pour que je puisse apprendre à me masturber convenablement. À 25 ans, j'ai abandonné l'idée que j'arriverai un jour à jouir. C'est triste, mais mon corps refuse de se lâcher. C'est comme ça. Pourtant, si y'a bien quelqu'un qui pourrait faire jouir mon corps, c'est Mehdi. Quand je pense à son odeur, je sens que mon vagin s'agite. J'ai mis des années à oublier son parfum.

Dans la rue, avant, dès que je le sentais, je m'arrêtais de marcher. J'avais envie de suivre la personne qui le portait comme un toutou en chaleur. Dès que je pense à lui, à nos baisers, je sens que mon corps réagit. Qu'il le veut. Allez. Je tente. Je me touche le clitoris (dans le sens circulaire). J'ai les doigts fripés à cause de l'eau. C'est agréable, ça accroche mieux. Je sens qu'il gonfle sous mes doigts. Une onde de plaisir se propage.

Elle s'étend.

Le plaisir est là, mais il ne monte pas. Il reste là, sympatoche. Stable. Barbant. Loin de l'explosion que m'a promise Internet et ma cousine Sabrina.

Après 5 minutes, je perds patience. Je ne comprends pas ce qui bloque.

J'ai l'impression d'être dans un jeu vidéo. J'ai réussi quelques niveaux, mais j'ai atteint ma limite. Je n'arrive plus à passer au niveau supérieur. Le méchant boss me bat et m'empêche de monter. Le méchant étant mon clito. Si seulement je pouvais tricher et regarder les codes pour réussir sur Internet. Mais non. Je suis coincée. Je…

– Oh ! Loli ! Tu sors ? On a encore besoin de la salle de bain.

Thomas tourne la poignée de la porte. Il sait que c'est fermé à clef, mais c'est pour me mettre sous pression.

– J'ai fini !

Bonne chance pour la scène. Ils vont galérer avec ce pommeau de douche tout entartré…

Chapitre 6

– J'aimerais qu'on arrête de tourner dans ma chambre.

– D'où ça sort ? me demande ma mère qui me fixe, suspicieuse.

À vrai dire, j'en sais rien. C'est sorti comme ça, sans que je contrôle rien. On est tous autour de la table basse, en train de décortiquer le plan de travail du prochain film de Tomtom. De prévoir combien de fois on va tourner dans ma chambre et sous quel angle. Et là je me suis dit : c'est ma chambre, c'est mon lit. Les autres n'ont pas le droit de niquer dedans. Moi d'abord.

– C'est juste que c'est ma chambre et que ça me saoule de nettoyer les draps après. On a pas de sèche-linge, du coup ça prend toute la place. Après, tout est très humide, ça attire les moisissures…

Je m'arrête de parler. On sent trop les arguments bidon.

À côté de ma mère, mon père est assis dans le canapé, en train de mâchouiller des surimis. (Il est 16 heures, c'est l'heure du goûter pour lui – mais comme il est au régime cette semaine, c'est poisson et pas Milka). Sa tête est adossée là où, il y a encore quelques heures, il y avait les couilles de Tony l'informaticien. Mon frère et moi, on est par terre.

On sait ce qui s'est passé, donc on ne touche à rien. Je me tourne vers ma mère en sachant ce qu'elle va me dire. Elle va déclarer que je vis sous leur toit, donc je dois suivre leurs règles. « Si t'es pas contente, t'as qu'à déménager. »

Je sais déjà ce que je vais lui répondre : « Ah oui ! Parfaitement ! Je me barre ! Mehdi va m'aider à trouver un appartement – une chambre de bonne. Et je démissionne aussi. Marre de travailler avec papa et maman. »

– D'accord, on comprend, me lance ma mère.

Ah. D'accord. C'est tout ?

Mais mon père, lui, se lance dans un monologue comme quoi on est dans le rouge. Il comprend que je ne veuille pas qu'on tourne dans ma chambre, mais ils n'ont plus de quoi payer les acteurs. Et payer une pièce supplémentaire, ça voudrait dire rogner sur autre chose. Leur salaire par exemple. Je soupire.

– Non mais, je dis ça comme ça, hein. Faudrait juste nettoyer au moins les draps derrière.

Oui, je cède comme une merde.

– Bien sûr, ma puce, me répond mon père en mâchonnant un autre surimi.

Il jette négligemment l'emballage plastique sur le canapé.

Il le fera jamais.

Thomas intervient.

– Franchement, la chambre de Loli, on a déjà tourné dedans en long, en large et en travers. Elle fait plus bander personne. Faut qu'on trouve autre chose.

– Quoi ? répète ma mère, surprise que mon frère prenne ma défense (moi aussi, d'ailleurs).

– Bah, je sais pas. On peut dégager un peu de budget pour un décor plus sympa. C'est pas hyper bandant, ce qu'on a dans le catalogue actuellement.

Mon père se rebiffe, d'abord avec quel argent ? En ensuite, c'est pas déjà vu, c'est classique. Le classique, c'est intemporel.

– Papa, de nos jours, plus personne regarde « Jacquie et Michel ». Encore moins depuis le scandale…

Évidemment, ma mère vole à son secours et argue que ce qu'on fait, nous, c'est beaucoup mieux que Jacquie et Michel. Mouais. Je me lance en mettant les formes. La conversation autour de la modernisation de l'entreprise, ça fait des mois qu'on essaye de l'amorcer avec Thomas. Pour l'instant, sans succès. J'essaye encore.

– Oui, oui, bien sûr, Jacquie et Michel, c'est intemporel, mais… ce qui marche très bien maintenant, c'est les sex vlogs, l'amateur. Ce genre de truc.

– Quoi ?! N'importe quoi ! vocifère mon père. Cette merde mal filmée ? On voit rien !

Thomas me seconde.

– Justement, ça fait vrai. C'est ça qui nous plaît.

Mon père nous regarde, sidéré.

– *Toi*, t'aimes bien ?

– Bah, oui, ose Thomas.

Mon père fixe son fils, sous le choc. Il se tourne vers moi. Son regard me dit : dis-moi que c'est pas vrai. Mais je l'évite. Je balance une suggestion :

– Les trucs comme Léo et Lulu, c'est franchement pas mal. Tu devrais regarder, papa.

– Ouais, surenchérit Thomas, ils sont bien, eux. C'est un vrai couple en plus. Y'a aussi Léa et Marc.

Beurk. J'arrive pas à croire qu'on aime le même porno.

Sonné, mon père ne dit plus rien. Ma mère prend la main pleine de surimis de mon père, cligne des yeux et nous demande.

– Mais… vous regardez pas nos pornos ?

Mon frère bredouille qu'il regarde ceux qu'il réalise.

– Mais les autres ? insiste mon père, ceux d'avant ?

Il se tourne vers moi. Je réponds quoi à ça ? Bien sûr que non ! Mais, à la place, je baisse les yeux, hyper gênée. Thomas aussi.

Un long silence s'ensuit. Ils veulent qu'on leur mente ? Qu'on leur dise qu'on regarde un extrait chaque soir avant de s'endormir ? Je ne supporte pas de les voir si tristes. J'ai jamais vu mes parents aussi atteints. Pour eux, c'est inconcevable que la chair de leur chair ne regarde pas « leurs œuvres ». Non pas qu'ils pensent faire des chefs-d'œuvre, ce qu'ils veulent au fond, c'est qu'on soit fiers d'eux. Mais je ne peux pas. Je n'arrive même pas à faire semblant.

Mon père mâchouille son surimi en silence, tandis que ma mère secoue la tête, hyper blessée.

– J'arrive pas à croire que vous regardez même pas nos films…

Chapitre 7

Mes parents se sont lancés dans le porno quand j'avais 8 ans. Mais je l'ai découvert à 14 ans, quand ils me l'ont dit. Pendant 6 ans, ils ont mené une double vie et je n'ai rien vu. Franchement, ils ont été très bons et auraient pu être agents secrets. Peut-être pas ma mère. En deux secondes neuf, elle aurait poucave. Bim, en prison. Mon père, lui, il aurait tenu. Officiellement, ils possédaient une agence immobilière. Au rez-de-chaussée, face à la devanture, il y avait les bureaux de mes parents avec des classeurs, des documents Excel imprimés, d'autres papiers chiants dans le genre. Au sous-sol, la douche, la moquette, les caméras, les lumières, les gens qui baisent. Ils fermaient toujours à clef la porte qui menait en bas. Leur système était bien rodé.

Quand j'ai été engagée – à 21 ans –, ma mère m'a montré la cave aménagée secrète. Elle m'a raconté qu'à chaque fois qu'on passait, mon frère et moi, à l'agence, après les cours, elle paniquait. Cent fois, elle a vérifié qu'aucun préservatif ne traînait. Qu'aucune cassette ni aucun godemiché n'avait été oublié dans un coin. La cave a même été insonorisée. Je me rappelle sa blague : « C'est tellement bien isolé que je pourrais enfermer quelqu'un, le torturer et le tuer sans que personne entende jamais rien. Tiens, la clef. Ne la perds pas, hein. »

Thomas en a longtemps voulu aux parents de lui avoir caché un secret aussi énorme, mais moi je comprenais. Comment on explique à un gamin de 8 ans que papa et maman travaillent dans le domaine de la « zigounette » (ce mot me répugne) ? À l'école, on nous raconte tout sur la reproduction sexuelle : comment le spermatozoïde va à la rencontre de l'ovule, etc. Par contre, on ne parle pas du plaisir que procure la levrette (il paraît). Ni de la sensation intense de peur et d'excitation que provoque le fait de cliquer, à 11 ans, sur *Entrer* – avec le message « En entrant sur ce site, je reconnais avoir 18 ans ou plus ». Mes parents ne savaient pas nous l'expliquer, alors ils ont retardé le moment où ils allaient devoir nous annoncer la vérité. Je suppose qu'ils avaient peur de nous traumatiser.

Ils n'ont jamais été très doués pour la demi-mesure. Avant mes 14 ans, ils nous ont surprotégés. Même s'ils n'étaient plus agents immobiliers, ma mère a continué à nous faire croire que oui. Elle nous parlait des « maisons » qu'elle avait vendues, des clients relous qui ne se ramenaient jamais au RDV... Elle a poussé le zèle jusqu'à faire de faux prospectus avec de fausses annonces de maisons et d'appartements à vendre. C'était tellement bien fait que, de temps en temps, des passants entraient pour demander à visiter une des maisons imaginaires que ma mère avait affichées pour alimenter leurs mensonges.

Quand je range le bureau, je retombe quelquefois sur un de ces tracts que ma mère avait créés de toutes pièces pour la vitrine. C'est dingue l'effet que ça me fait. Immédiatement, j'ai les larmes aux yeux. Pour moi, ces tracts, c'est une preuve d'amour. La certitude que mes parents m'aiment. Mal. Bizarrement. Maladroitement. Mais sincèrement. Du coup ça fait chier. Je peux pas leur en vouloir de m'avoir donné un godemiché de seconde main à 14 ans. Je sais qu'ils ont fait ce qu'ils ont pu. Ils devaient être hyper nerveux le jour où ils nous ont fait descendre dans la cuisine. Peut-être que mon père aurait voulu attendre encore un peu. Peut-être que ma mère aurait voulu nous le dire plus tôt. Ils ont dû se jouer la conversation cent fois dans leur tête. S'imaginer tous les scénarios possibles. Se disputer sur le sujet. Et après avoir eu cette discussion avec nous, ils ont forcément débriefé. Ils se sont forcément demandé : est-ce qu'on a bien fait ?

– On est dans le rouge, putain ! Vous comprenez pas ?
– Papa, on sait…

Mon père est en train de revisser l'étagère où trônent ses Hot d'or. Les Oscars du porno. Des Oscars qui se sont arrêtés faute de moyens. En 2009, les gens ont réalisé qu'on s'en branlait de récompenser du porno. Selon mon père, c'est là que tout est parti à vau-l'eau. Derrière son bureau, ma mère passe en revue les factures. Citant à voix haute nos films qui ont bien marché sur les plateformes : *Ma voisine, cette grosse cochonne, Beau-papa m'aide, je suis coincée dans le sèche-linge, La copine de mon frère me suce pendant qu'il fait semblant de dormir…* Moi, je ressors des vieilles cassettes poussiéreuses. On pourrait peut-être remettre de vieilles éditions au goût du jour ? Ça se fait beaucoup maintenant. Chaque année, il y a une nouvelle version de Cendrillon qui sort. On fidélise un nouveau public et on réactive la nostalgie chez les plus vieux.

– Il est où ton frère, bordel ? s'égosille mon père en s'énervant contre l'étagère.

Je réponds qu'il monte sûrement une scène. Qu'il a dû couper son portable.

– Putain ! J'ai dit réunion d'urgence pour tout le monde !

– Chéri, calme-toi ! intervient ma mère.

– Non ! Je vais le virer ! Virer !

Au début, quand mon père pétait un plomb comme ça, j'angoissais à fond. Mon ventre se tordait, couinait, et mes boyaux se repliaient, apeurés. Dans l'heure, j'avais un bouton ou un aphte. Je passais des heures à me demander comment le calmer. Le temps que je trouve la solution, c'était passé. Il avait déjà oublié qu'il avait menacé de tous nous virer. De temps en temps, je regrette de n'avoir jamais réagi, j'aurais dû le prendre au mot. Répondre : « Ah ouais ? Bah, très bien ! Je me casse ! » Une fois, il m'a traitée de conne parce que j'avais oublié de faire signer un contrat à une des actrices. J'aurais dû le laisser me virer au lieu d'attendre que ça passe. Ma vie aurait été tellement différente. Maintenant, c'est trop tard. Je suis coincée. Avec le temps, je suis malheureusement devenue compétente. Je ne peux plus dire à mon père que je démissionne. « Pourquoi ? » il me demanderait. Si sa propre fille ne veut même pas rester, ça serait la preuve indiscutable que la chair de sa chair ne croit plus en lui. Ça le tuerait. Son entreprise, c'est son enfant préféré. Ma seule chance d'être libérée, c'est si on fait faillite. On pourra blâmer la société ensemble. Ces cons de consommateurs qui ne savent plus apprécier les bons films de boules.

Ces derniers temps, on se rapproche du précipice. J'entraperçois la fin. Et donc le début d'une nouvelle vie pour moi !

Et ensuite ? Je ferai quoi ? Je n'ai pas de passion, rien qui me transporte. Je suis douée en quoi ? J'aime quoi ? Rien. À part Mehdi.

– Loli ! On se réveille, me rappelle mon père.

L'ordre du jour, il assène, c'est faire des économies ! Il est marrant, lui, mais faire des économies dans le porno, c'est délicat. Dans un autre secteur, on peut y aller franco. On peut demander aux salariés de prendre une plus grosse charge de travail. Chez nous, non. On va pas demander aux actrices de prendre plus de bites. Physiquement, on va vite atteindre un plafond. Et puis, les gang-bangs, ce n'est pas ce que les consommateurs aiment le plus. Ce qu'ils aiment, pour la plupart, c'est la nouveauté. Ils se lassent vite des actrices et veulent en changer souvent. Mais faut les trouver. Et les recruter. Pour moi, c'est le pire. Se dire qu'on va prendre une actrice qui va durer quoi ? 2-3 mois dans le milieu, grand max. Oui, elle va gagner un max de thunes mais le 4ème mois, elle va claquer tout son fric pour s'acheter une plus grosse paire de seins. Mais c'est déjà trop tard. Le monde est passé à une autre blonde. Elle est maintenant coincée avec des nouveaux nichons hors de prix à entretenir. Et même si plus personne ne se branle sur elle, elle est pour toujours sur le Net.

Ma mère, une facture à la main, fait remarquer que les « scènes » qui se vendent moins bien sont celles avec préservatif. Papa et moi, on secoue la tête. Non.

– On va pas là, assène mon père d'un ton tranchant.

Ma mère, gênée, insiste quand même.

– Les scènes sans préservatif se vendent mieux. C'est un fait.

– Je m'en branle !

Forcément, ma mère se vexe.

– Ça va, je dis ça comme ça. J'essaie juste de t'aider. Pas besoin de me crier dessus.

– Je te crie pas dessus !

– Si.

– T'entends rien, aussi !

Avec le temps, j'ai appris à ne pas entrer dans leur débat. Même si ma mère me regarde pour que j'intervienne. Même si je pense qu'elle a raison et que mon père a tort. C'est la dure réalité de notre taf. Les scènes avec préservatif se vendent mal. Pour mieux exporter nos productions, il faudrait qu'on arrête de tourner avec des préservatifs. Jamais ça n'arrivera. D'abord c'est illégal (même si beaucoup de prods s'en foutent). Surtout, le meilleur pote de mon père est mort du sida. Alors, très tôt, il a décidé que ses productions ne seraient qu'avec des préservatifs. Pour protéger ses équipes. C'est beau, c'est éthique, mais ça vend pas.

Ma mère scrolle sur les sites et grommelle que les autres vidéos, c'est le hard-core. Les scènes ultra-violentes. Celles où la fille se fait défoncer. Son mascara coule. Elle pleure de douleur. Mais l'homme jouit. Et souvent c'est pas du cinéma (les actrices ne sont pas si bonnes comédiennes que ça). Sauf que, nous, on ne les produit pas non plus. Les femmes qui pleurent en suçant n'excitent pas mon père (c'est ma mère qui le dit, pas moi). Mais il semble bien le seul (ça aussi, c'est elle qui le dit).

Au fond, la plupart des consommateurs ont des goûts de merde. Ils veulent des gamines, de la violence, et pas de préservatif. En théorie, tout le monde aimerait bien aimer regarder un porno *sain* où l'on voit un homme et une femme (ou deux femmes ou deux hommes, hein) s'aimer et se faire l'amour avec tendresse et respect. Comme tout le monde aimerait manger sain et faire un peu de sport tous les jours. Mais la vérité, c'est qu'on bouge pas notre cul et qu'on ne prendra pas une salade au McDo. Nous, avec notre petite entreprise éthique, on leur propose de la laitue. Alors forcément, on est niqués. Il n'y a pas de marché pour les producteurs comme nous.

– À mon époque, le porno, c'était différent, déplore mon père, toujours en train de visser son étagère.

Si on continue à produire de la merde, dit-il, on va dans le mur. Pour relancer la boîte, il faut produire un vrai film avec une vraie histoire. Comme on en faisait à son époque. Je ne dis rien, mais je n'en pense pas moins : très mauvaise idée. Les gens jouissent en moins de 5 minutes. Personne ne regarde un film de 90 minutes. Enfin, si. Mon père sûrement. Et ses potes peut-être ?

Avant, on savait se marrer, proclame mon père, qui a enfin terminé son étagère. Il remet son trophée de 1997 à sa place. Personne ne se prenait la tête, assure-t-il, c'était bon enfant. On faisait de l'art. (J'ai envie de dire quel art, mais je vais me faire fumer et, surtout, ça va le relancer pendant 30 minutes.) Maintenant, continue mon père, le sexe est devenu une usine à gaz. C'est le profit, le profit, le profit.

C'est curieux qu'il dise ça, parce que si, à la base, mon père s'est lancé dans le porno, c'est pour devenir riche. Ce n'est pas du tout pour l'art : il n'a jamais été un véritable amoureux du cinéma. Mais il prétend le contraire. Il dit et redit que *L'Incompris* de Comencini est un chef-d'œuvre du cinéma, et si le film n'était pas aussi dur, il le regarderait et re-regarderait en boucle. En vrai, il regarde surtout *Star Wars*, *Le Cinquième Élément* et *Indiana Jones*. La vérité, c'est que mon père est entré par hasard dans le porno. Il était agent immobilier (comme Mehdi, tiens. Note à moi-même : un possible complexe d'Électre mal soigné). Un jour, il a vendu une baraque de malade à un producteur. Mon père s'est dit : ce mec a réussi, c'est ce que je dois faire pour avoir la même maison.

Il est devenu pote avec ce producteur, il l'imaginait producteur de cinéma. Le genre à produire du Chabrol. Mais, en fait, le mec (j'ai oublié son nom) était producteur de cul. Mon père s'est dit que le porno allait être une passerelle vers le grand cinéma. Celui de Godard (alors qu'il n'a jamais regardé aucun de ses films). Mais la passerelle s'est avérée être un cul de sac.

– Loli, allez, merde. Tu proposes aucune idée, me reproche le daron.

J'aimerais bien proposer le film suivant : une pucelle tombe sur son amour de jeunesse. Cette conne avait rompu avec lui parce qu'elle n'avait pas osé lui dire qu'elle était vierge à l'époque. Onze ans plus tard, elle est toujours pucelle, mais cette fois elle décide de lui dire la vérité (mon alter ego est plus courageux que moi). Ils baisent et vécurent heureux pour toujours. Je veux une fin monogame chiante. Pas de plan à trois, quatre ou autre. Pas sûre que ça plaise…

– Loli ? Oh ! Tu m'écoutes ?

– Si on engage un vrai couple, ils ne porteront pas de préservatif. En plus, les amateurs coûtent moins cher, je lance un peu comme ça.

Mon père me considère, surpris.

– C'est pas con, ça.

C'est un peu vexant, mais je dis rien parce que moi aussi je suis souvent surprise par mes propres idées. Ma mère, toujours dans l'excès, propose d'écrire le scénario. Comptable et scénariste, c'est pas si éloigné comme taf, tout est une histoire de structure.

– Et si on reprenait notre tout premier film en y mettant les amateurs ? propose ma mère. On fait un reboot. Comme Disney fait avec leurs films.

Mon père, qui s'apprête à dire non par automatisme, s'arrête, coupé dans son élan.

– C'est pas con, ça.

– C'était quoi, le film ? je demande.

– *Petits secrets de couple*, répond mon père, qui retrouve enfin le sourire.

– C'était l'histoire d'un couple, parents de deux enfants, un peu usé par la routine, qui décide de tester l'échangisme pour relancer leur vie sexuelle, ajoute ma mère en regardant mon père d'un air amoureux.

Subtil.

– On voit pas les enfants à l'écran ? je demande, méfiante (on sait jamais, y'a 15 ans, c'était une autre époque).

– Roh. Mais non ! répond mon père.

Ma mère, elle, est toujours absorbée par l'histoire.

– Leurs familles respectives finissent par le découvrir et sont choquées…

– … mais en fin de compte tout le monde se lance dedans ? (Je finis l'histoire pour eux.) C'est mignon, mais c'est pas déjà vu ? Comment on peut moderniser tout ça ?

Mon père me lance un regard ironique.

– Parce que tu crois que les spectateurs aiment être surpris quand ils se branlent ?

C'est le moment que mon frère choisit pour arriver. Vite, je lui fais un condensé avant que ma mère ne se lance dans un récit ultra détaillé.

– On se lance dans le remake de leur premier film. *Petits secrets de couple*. Avec des amateurs pour économiser.

Thomas grimace. L'échangisme n'est pas assez tabou. Tout le monde le fait déjà (ah bon ?!). Ce qui marche, c'est pas ça.

– C'est quoi alors qui marche ? « Maddie perd sa virginité avec Rocco » ?

Thomas nous regarde comme si la réponse était évidente.

– L'inceste. La belle-sœur qui chauffe le frère de machin. La tante qui couche avec son filleul. Ce genre de truc.

Ma mère confirme l'instinct de Thomas. Les chiffres ne mentent pas : l'inceste fait vendre. C'est pas mon délire, mais chacun son truc. Je vais dans le sens de mon frère. Après tout, je ne suis qu'une pucelle sans histoires.

Ma mère s'interroge.

– Du coup, on fait quoi ? On change le titre ? *Petits secrets en famille* plutôt ?

Tout le monde acquiesce d'une seule voix. Mon père est ravi. Je le sens touché de voir sa petite famille travailler ensemble, main dans la main. Putain. Ça risque de marcher, ce film.

À ce rythme-là, on fera jamais faillite.

Chapitre 8

Je la connais par cœur, l'histoire d'amour entre Marc et Léa. Ils se sont rencontrés il y a 3 ans, quand ils étaient serveurs dans le même restaurant. Chacun était en relation et, le jour même de leur rencontre, ils ont largué leur compagnon respectif pour se mettre ensemble. Plus que leur coup de foudre, ce sont les petits détails de leur corps que j'ai retenus. Léa fait du 85 B et refuse de se faire opérer des seins – même si elle considère qu'elle a des « petits nénés ». Elle a un grain de beauté ridé sur la fesse droite. Marc, lui, a été circoncis à 20 ans à cause d'un phimosis. L'opération lui a laissé une cicatrice longue et irrégulière tout le long du pénis. Les chirurgiens ont fait un travail de sagouin, mais Marc s'en est accommodé. Il trouve que ça lui donne un air cool, cette cicatrice. C'est sa marque de fabrique, ce qui le distingue des autres pénis sur le marché. Le couple est très fan de Tomtom, ils adorent sa réal qui « sublime les corps ». C'est d'ailleurs pour ça qu'ils ont accepté de venir aujourd'hui. Pour le rencontrer, en vue d'une potentielle collaboration.

– Il va arriver, je dis, il est juste coincé dans le RER C.

Je souris tout en bombardant mon frère de textos : « T'es où ?! », « Ils sont venus pour toi ! », « Je peux pas faire ça seule », « Thomas ? », « Réponds ! ».

Je relève les yeux de mon écran et lance un sourire crispé au couple. Je ne peux pas leur demander si Léa s'est fait retirer son grain de beauté ou si Marc n'a plus de problème pour pisser depuis l'opération. Moi je les connais, mais eux, ils ne me connaissent pas. Ni Marc ni Léa ne m'ont vue nue, contrairement à moi. Et ils ne sont jamais allés chercher une vidéo de moi en train de baiser pour se masturber dessus.

Pour gagner du temps, je leur fais visiter les locaux. Ils trouvent que la cave est « amusante ». Les murs insonorisés les mettent un peu mal à l'aise par contre et ils me demandent si quelqu'un s'est déjà retrouvé enfermé là pendant plusieurs jours. Ils admirent les Hot d'or de mon père… Puis je les fais patienter sur le canapé du sous-sol. Moi, je m'installe en face, sur une chaise de jardin pliable. Mais, en bas, il n'y a pas Internet et Marc et Léa perdent vite patience. Où est Thomas ? Ils commencent à remarquer que le canapé n'a jamais fait de passage chez le pressing (comme celui de la maison, tous les canapés sont logés à la même enseigne, pas de dicrimination). Que la moquette bleue est moisie autour des tuyaux. Que la pièce entière, mal aérée, suinte le vinaigre blanc et la cyprine.

Et puis, je sens bien qu'ils ne veulent pas de moi. Ils n'ont rien contre moi, mais je ne suis pas Tomtom. Thomas le GRAND réalisateur. Tomtom qui parle avec aisance et charisme. Moi non. D'ailleurs, je ne parle pas du tout, alors que je devrais. Mais je sais pas, ça m'intimide de les voir habillés comme ça. On dirait que ce sont des personnes différentes. Je ne les reconnais pas.

– Au téléphone, demande Léa, vous disiez que vous aviez un projet de film et que vous pensiez à nous pour les acteurs principaux ?

Ça ne sert plus à rien de l'attendre. Même elle, elle ne croit plus à l'excuse du RER.

– Oui, oui ! Avec Thomas, on a l'impression que le porno est jonché de scénettes sans intérêt ni saveur, qu'on consomme ça comme des Tic-Tac. Nous, on veut relancer les vrais films d'avant, les films d'auteurs. Pour créer un vrai produit de qualité.

« Jonché », j'utilise un vocabulaire de bourge maintenant ?

Heureusement, Marc surenchérit.

– Grave. Le porno aujourd'hui, c'est devenu n'imp, on est bien d'accord !

Marc pose sa main sur la cuisse de Léa. C'est mignon et romantique. Mehdi serait le genre à faire ça. Je ne me rappelle plus s'il le faisait quand on était ensemble. Mes souvenirs s'effritent. Pire, ils me mentent. J'ai envie de croire que Mehdi me posait la main sur la cuisse, alors ma cervelle m'obéit. Elle va chercher des mains, des cuisses, elle passe en revue mes souvenirs les plus flous, comble les trous et crée de toutes pièces un nouveau souvenir où c'est arrivé. Écrasant au passage l'ancien, le flou, le vrai, comme un vieux fichier d'ordinateur. Hop, à la corbeille.

Bien sûr, donc, que Mehdi faisait comme Marc.

Léa est d'accord avec son mec.

– Oui. Malheureusement. Les gens – les meufs surtout – sont maltraités.

Est-ce que c'est le bon moment de leur dire qu'on ne va pas les payer ? À la place, je dis :

– Justement ! On veut donner une autre image du porno. Quelque chose de plus vrai. Des gens comme vous.

– Et choper nos followers au passage, complète Marc.

Cynique mais pas dupe.

– On ne va pas se mentir, ça aide, mais en vrai, ce qu'on recherche, c'est une association.

– Une association ? répète Marc.

– Nous sommes une boîte de prod implantée depuis longtemps. Si on s'associe…

– Ah, mais non, on pensait que vous vouliez nous engager.

On a pas les moyens, mon pauvre Marc. Je prends mon ton le plus surpris possible. Comme s'ils étaient au-dessus de ça.

– Être de simples employés ? En étant associés, on partagerait les risques, OK, mais cela vous laissera une plus grande liberté.

– Donc on serait pas payés ?

Arrête de me couper la parole, Marc !

– … Si. Symboliquement. Mais les droits de production vous rapporteront beaucoup plus.

– Si le film marche.

– Avec vos millions de followers, ça ne devrait pas être un problème, Marc.

Et toc. J'ai remarqué que j'utilise le prénom des gens quand je suis saoulée. Léa regarde Marc, puis me regarde :

– Je sais pas trop, faut qu'on y réfléchisse, qu'elle me dit.

Merde.

– Bien sûr. Bien sûr, je réponds, mais vous savez… on aurait pu demander à des acteurs connus, mais on voulait vous. Parce que, quand on vous voit, on ne voit pas des gens qui jouent, mais des gens qui s'aiment.

– Vous nous regardez ?

Si je disais à Mehdi que je me branle sur lui, je le choquerais. Mais le porno, c'est bien la seule industrie au monde où on se dit qu'on se branle l'un sur l'autre et ça rend tout le monde heureux.

– Bien sûr ! Et Thomas aussi.

– Ah oui ? Thomas ?!

– Absolument. Ce qu'on aime dans vos vidéos, c'est le côté authentique. Les moments où Marc débande…

– C'est pas arrivé tant de fois que ça, quand même…

– Les fois où Léa ne s'épile pas, la transpiration, la mouille « blanc d'œuf » qui en fout partout.

Ils rient.

– Les rires aussi. On la sent, votre complicité, et c'est beau. Et les scènes de sexe sont crédibles ! Vous ne les faites pas pour la caméra, ni pour les followers, mais pour vous.

– C'est vrai, confirme Léa, ravie que j'aie remarqué ça.

Ils se prennent la main en se regardant. Continuons sur cette belle lancée.

– La vérité, c'est que le porno est en train de crever. Pour être rentable, faut exploiter les filles, les remplacer toutes les 5 minutes, les faire tourner à la pelle !

Léa acquiesce, scandalisée avec moi.

– C'est devenu n'imp.

– Grave, surenchérit l'autre (qui coupe la parole à tout le monde apparemment, pas juste à moi).

– Nous, on aimerait faire un film pour montrer le porno beau, sexy et authentique. Que ce type de film a sa place sur le marché.

Ils se regardent. Puis Léa prend la parole.

– Nous, on a toujours aimé votre boîte. Votre éthique...

– Le travail sur l'image de Thomas est remarquable, la coupe Marc. On tournerait où ?

Il regarde le sous-sol d'un air dédaigneux.

– Dans de beaux duplex parisiens, avec vue sur les toits de Paris !

– Avec vue sur la tour Eiffel !

– Bah, en fait, ça coûte 10 000 €, chaque plan sur la tour Eiffel... Donc plutôt vue sur les toits de Paris.

Léa m'aide sur ce coup : les toits de Paris, c'est sublime. Elle a perdu son regard sceptique et embrasse tendrement Marc. Ils croient que je les mate et Marc me stoppe comme si j'étais une lionne en chaleur qui allait leur sauter dessus.

– Pas de plan à trois. Pas d'échangisme.

Je sais.

Léa le corrige.

– On peut regarder d'autres couples le faire, mais on ne participe pas.

– Bien sûr.

– Pas de sodomie, de double péné non plus. Pour moi, comme pour lui.

– Très bien.

– Il peut y avoir une autre fille. Mais elle n'embrasse que Léa.

– C'est noté, je dis.

Je leur souris. Ils me sourient.

– Et ça parle de quoi alors ? demande Marc.

– ... ?

– L'histoire. On joue quel genre de couple ?

– Vous jouez un frère et une sœur qui tentent de résister à l'attirance qu'ils ont l'un pour l'autre, mais qui ne peuvent pas s'empêcher de s'aimer.

Leur tête...

– Mais... pourquoi l'inceste ? demande Marc.

Parce que mes parents me forcent à foutre cette idée de merde ! Parce que c'est ça que les gens regardent en loucedé ! C'est fou, ça, les vidéos « je couche avec ma demi-sœur » font des millions de vues, mais je ne rencontre jamais personne qui dit les regarder. Où sont-ils ?!

– Parce que le sujet du viol a déjà été trop fait, je réponds. Ça n'excite plus personne.

Silence dans la salle. Je suis donc obligée de préciser :

– Je plaisante, hein.

– Ah. Ha, ha !

Léa revient quand même à la charge :

– Frère et sœur ? De sang ? Ça serait peut-être mieux frère et sœur par alliance, non ?

– On a pas encore défini.

Je sens que Marc s'agite dans le canapé.

– Mais… le film ne fait pas l'apologie de l'inceste… ?

– Non, bien sûr que non. L'idée, c'est d'aborder un tabou qui fascine les gens. Or, le porno, c'est quand même l'endroit où on devrait être le plus libre de parler de ce qu'on veut.

– Oui, mais… à la fin, « on » finit ensemble ?

– Non.

Je vois que ça les soulage. Note à moi-même : bien dire à ma mère que le scénario doit finir sur le couple qui se sépare. Je rajoute que, comme ils vont être associés, ils auront parfaitement leur mot à dire sur le scénario. Ils se lèvent, prêts à repartir, quand Thomas se ramène, les cheveux coiffés, lavés, vêtements impeccables et choisis avec soin. Il n'a même pas la décence de faire croire qu'il est parti de la maison dans la précipitation.

– Hello ! Hello ! Pardon pour le retard. J'ai oublié de mettre mon réveil.

Quel bouffon. Il a préféré dire la vérité.

– Thomas, Marc et Léa.

– Oh, ce n'est pas la peine, on voit très bien qui tu es !

– Et moi de même. Je suis ra-vi de vous rencontrer en vrai.

– Nous aussi ! On admire beaucoup votre travail.

– Oh, c'est un travail d'équipe. Sans ma sœur (il m'agrippe) je ne suis rien.

– Ah. Vous êtes frère et sœur ? s'étonne Marc.

Oh, le malaise. Le malaise.

– Oui ! Ma Loli, c'est tout pour moi.

Pitié, arrête, Thomas.

Léa se penche vers nous en mode confidence :

– C'est vrai que c'est pas commun de grandir dans le milieu du porno, non ? Ça a dû vous rapprocher.

– Complètement. Personne ne me comprend aussi bien que ma sœur. C'est comme si elle était une partie de moi.

– Donc ce film est très personnel pour vous ?

– Absolument, assure Thomas.

Il se tourne vers moi pour que je confirme.

J'ai pas le choix. Faut que je leur dise. Je baise pas mon frère : il aime les hommes. (Et même s'il était hétéro, je le ferais quand même pas avec lui.)

– Oui… très personnel…

Quelle vendue je fais.

Chapitre 9

La main tremblante, j'actualise ma page Internet. Je ne peux pas accepter ce que je vois. Je refuse. Je vais crever. J'espère que la manip (commande R) va faire disparaître ce cœur. Parce que si c'est vrai, si Mehdi a vraiment aimé le post de son ex, alors ça veut dire qu'ils sont en train de se remettre ensemble. Ça veut dire que c'est fini pour moi. À quoi bon perdre ma virginité maintenant ? Dans ma famille, on ne tombe amoureux qu'une fois. C'est ainsi. Des preuves ? Je n'ai que ça. À commencer par mes parents. Adolescente, ma mère a eu des petites relations par-ci, par-là. Elles duraient quelques semaines, deux mois peut-être, pas plus. Ma mère finissait toujours par rompre parce qu'elle n'avait pas assez de sentiments. À 18 ans, elle a rencontré mon père et elle a tout de suite su.

– Ton père est chiant, chiant, chiant.

Sans se lever, ma mère fait rouler sa chaise jusqu'au bureau de son cher et tendre, à la recherche du dernier test HIV de Marc et Léa. Quand elle ne trouve pas un papier, elle accuse quelqu'un. En général, c'est moi. Mais aujourd'hui c'est mon père qui prend. Pourtant, son bureau à elle est une déchetterie. Des strates de papiers, d'enveloppes ouvertes non jetées, non vidées. Son foutoir s'accumule tout au long de l'année, rendant tout le monde de plus en plus nerveux, à l'approche de la déclaration des impôts. Bizarrement, quand elle braille qu'un papier n'est pas sur son bureau, elle a raison. Cette femme lit dans les couches de son bordel comme dans les lignes d'une main.

– Quitte-le, je réponds sans lever les yeux de mon ordi.

Je dois faire mine d'être occupée si je veux éviter qu'elle me demande de chercher avec elle le fameux test. J'arrive pas à quitter le profil de Mehdi. Si je ferme l'écran, je pleure.

– Je peux pas, soupire ma mère.

– Si.

– Non. J'ai essayé. Je tombe pas amoureuse des autres, assure-t-elle.

Les autres ?

– Ah le voilà !

Elle brandit le test médical, victorieuse, qu'elle a trouvé dans le tiroir de mon père, parmi les détritus en plastique qui entourent ses batônnets de surimi. Elle secoue la feuille comme pour virer l'odeur de poisson qui s'est collée dessus. Puis, elle retourne à sa place, satisfaite.

Mon grand-père était comme elle. Il avait un très bon nez. Un vrai braque allemand. Et il n'a aimé qu'une seule personne : ma grand-mère. Encore une autre preuve. Ma cousine Sabrina, elle, est tombée amoureuse de son voisin de table en terminale et ils sont toujours ensemble (même si c'est un con qui l'a trompée). C'est la tradition. Personne n'y échappe. On peut même dire que c'est une malédiction familiale pour ceux qui ont le malheur de voir la relation s'arrêter plus tôt que prévu. Comme pour mon frère et Guillaume, dont le couple n'a duré que 3 ans.

Au moins, il a pu le faire. Moi, ça a duré 3 mois. En 13 semaines, on n'a le temps de rien. J'ai cru qu'une nouvelle opportunité s'ouvrait à moi lorsque j'ai croisé Mehdi dans la pharmacie. Il était célibataire, je l'étais : c'était un signe du destin. La vie me proposait une seconde chance. Mais, aujourd'hui, c'est mort.

Je re-regarde sur Insta le cœur que Mehdi a mis sur une des dernières stories de son ex (elle félicitait sa petite nièce pour avoir réussi à surmonter son bégaiement). Ils vont se remettre ensemble, c'est sûr. Résignée à accepter la renaissance de leur couple, je me rends sur son Insta à elle pour voir des photos d'eux, ensemble. Elle ne les a jamais effacées. Tant mieux. Mon cerveau doit se forcer à accepter de les voir en couple. Je serai préparée la prochaine fois que je les croiserai dans la rue main dans la main. En train de s'embrasser. L'image est insoutenable. Mon ventre se tord, se débat et crie.

– C'est quoi, ce bruit ? T'as déjà faim ? me demande ma mère.

– Un peu.

Maintenant que je suis sur le compte de l'ex, autant assumer et remonter tout le fil en lisant ses 576 posts. Je sais que « Natou » (elle se fait appeler comme ça sur les réseaux, parce que sa famille la surnommait ainsi) est orthophoniste, qu'elle aime les animaux qui portent des vêtements d'humains à leur taille et pousse régulièrement ses followers à signer des pétitions diverses et variées. Elle poste des photos d'elle ultra-maquillée, mais aussi nature. Elle a l'air sympa. Une intuition horrible se niche en moi comme de la terre sous les ongles. Et si l'âme sœur de Mehdi était Nathalie et pas moi ? Qui suis-je pour m'interposer et les empêcher de vivre pleinement leur histoire d'amour ? Et si j'étais la méchante de leur histoire d'amour et non pas l'héroïne ? Celle que tout le monde veut voir crever. Mon Dieu. Je suis la Selena Gomez de la relation entre Justin Bieber et Hailey ! L'enfer. J'aurai tout raté dans ma vie, même être la protagoniste principale de ma propre histoire. En même temps, c'est assez logique, Natou a vraiment les qualités pour être une princesse de film. Mehdi serait mieux avec une fille comme elle. Plutôt qu'avec quelqu'un de torturé comme moi. Cette fille est parfaite jusque dans ses imperfections. Ce bouton rouge sur son menton, ses cuisses à la Beyoncé, les quelques cheveux blancs qu'elle a depuis ses 18 ans, elle refuse de les cacher et les assume. Même son chien de 10 ans adopté à la SPA, et franchement très laid, a quelque chose de touchant. Merde. Merde. Merde. Mon doigt m'a échappé. J'ai mis un cœur à la photo… c'est un de ses premiers posts en plus. Elle va voir que j'ai remonté toutes ses photos depuis 7 ans… que j'ai liké une photo de son bâtard qui est forcément mort depuis. Elle va croire que je me fous de sa gueule. Que je ravive la douleur du jour où son chien est mort. Si je retire mon cœur, est-ce que ça va quand même s'afficher dans ses notifications ? Tu sais quoi ? Tant pis ! Ce doigt qui a glissé est un signe. Mon corps cherche inconsciemment à s'immiscer dans leur histoire alors que ce n'est pas la mienne. Je suis de trop, il faut l'accepter.

Deuxième théorie, plus crédible : je suis victime d'une malédiction familiale. Un sort nous condamne à n'aimer qu'une fois. Sur Google, quand j'écris « comment rompre une malédiction familiale ? », je tombe sur des marabouts, des voyants, des spécialistes pour conjurer le mauvais sort. Ça m'angoisse.

J'aimerais lire dans mon futur comme avec les livres. En général, je lis directement la dernière page pour savoir comment ça finit. Si j'aime la fin, j'accepte de lire le livre, sinon, je ne perds pas mon temps. Mon frère, ça le rend dingue. Il trouve que je gâche le travail de l'auteur. Mais non ! Même en connaissant la fin, je me fais happer par l'histoire, je finis toujours par oublier comment elle se termine. Or, j'ai besoin de savoir comment va se terminer mon histoire à moi. Je fais croire à ma mère que j'ai besoin de passer un coup de fil à Thomas pour une sombre histoire de montage et sors dans la rue. J'appelle Pascal, un voyant. Je l'ai choisi parce que les commentaires sur Google étaient élogieux. Son regard souriant, ses lunettes rondes, il me rappelle mon grand-père. C'est rassurant de s'accrocher à ce genre de détail quand on s'apprête à demander à un étranger son destin.

– Allo ?

Sa voix me plaît. Il a l'air serein. Je lui expose mon problème. Gentiment, il m'explique que, pour prendre rendez-vous, il faut plusieurs semaines, il est overbooké.

Je m'effondre : je ne peux pas attendre 15 jours pour savoir si l'homme de ma vie m'aime. Il sent ma détresse et m'annonce d'un ton enveloppant que Mehdi n'est peut-être pas la bonne personne pour moi. Si ça devait se faire, eh bien, je serais avec lui. Quelque chose coince.

– Oui, la malédiction familiale.

– Non, me répond-il, c'est vous. Vous avez peur. Vous ne vous sentez pas digne d'être aimée.

– Ah bon ?

– Mais rassurez-vous. On va éclaircir tout ça ensemble dans quelques semaines.

On se cale un rendez-vous et je raccroche.

Quel ramassis de conneries.

Mehdi est le bon – même si ça fait ridicule de le dire, et même de le penser. Je le sais que lui et moi c'est différent, je le sens.

Je n'ai pas peur.

Je vais lui écrire. Je vais lui dire que je veux le voir. Tout de suite. Maintenant.

Mon Dieu, j'ai les genoux qui tremblent alors que je suis assise par terre sur le trottoir.

Mais je n'ai pas peur.

« Ça va ? » Mais pourquoi j'ai écrit ça ? Est-ce que j'ai le temps de supprimer le message avant qu'il ne le voie ?

« Bien et toi ? »

Bon. Il est rapide au moins. Écris. Allez. Je n'ai pas peur.

« Tu pourrais me faire visiter des apparts stylés ? » j'écris.

Cette phrase, je l'ai retournée mille fois dans ma tête pour qu'elle soit parfaite. Maintenant qu'elle est écrite, elle est un peu décevante.

En plus, il répond pas.

Toujours pas.

Il répondra pas.

« Yes. Pourquoi ? Tu déménages ? »

Chapitre 10

Quand les autres visitent un appartement, ils regardent si c'est lumineux, si on entend les voisins, si on s'y sent bien. Moi aussi. Mais pas pour les mêmes raisons.

– Il est bien, hein ?

Mehdi, en costard-cravate, clefs en main, ouvre grand les bras. C'est marrant de le voir en mode vendeur. Je souris.

– Oui, franchement pas mal. C'est quoi, ce bruit ?

Les voisins ? Si on les entend, ils vont nous entendre, et ça c'est la merdouille.

– C'est le chauffe-eau.

– Ah, OK.

Ouf.

– Elle est où, la salle de bain ?

– Par là.

La salle de bain, c'est le lieu emblématique du porno. Moche ou belle : on s'en tamponne. Limite, toute moisie, c'est mieux. On peut facilement inventer un scénario autour d'un(e) étudiant(e) qui couche avec son proprio pour faire baisser le loyer. Oui, c'est cliché. Mais ça marche. C'est ce que les gens regardent. Je n'y peux rien, on donne aux clients ce qu'ils veulent.

Et ils ont des goûts bateau. Je me demande si Mehdi a des goûts clichés. Sûrement. On connaît beaucoup de la personne quand on regarde son historique Internet. Même pour moi, si je regardais l'aperçu des sites que j'ai visités cette semaine, je me connaîtrais mieux. Je verrais que je passe trop de temps à suivre la vie de la Natou de Mehdi. Ou que je passe ma vie sur https://la-conjugaison.nouvelobs.com/ à regarder la conjugaison de chaque verbe. Heureusement que le français est ma langue maternelle. Jamais je n'aurais pu l'apprendre en LV2.

Mehdi tire le rideau de la douche.

– Y'a pas de baignoire, mais y'a une douche. Elle est basique, quoi.

– C'est très bien. On est au 4e, c'est ça ?

– Oui.

Ça veut dire que c'est lumineux.

– C'est lumineux.

Bim, il dit exactement ce que je pense. Nous sommes connectés.

Stop. Arrête de penser comme une gamine de 15 ans. Bordel. Concentre-toi. Focus. Sur quoi ? Les lumières. Oui. La lumière tombe joliment dans cet appart. Elle éclaire directement la table à manger en bois. Solide ? Je vérifie les pieds, la secoue. Mehdi me lance un regard complice, il pense que je fais référence à notre verre sur la table bancale. Mais non. Je vérifie juste que la table puisse résister à deux ou trois personnes (voire quatre) dessus.

Le cadre là par contre, va falloir le virer. Pas de petits bibelots de merde. Des vases fragiles. Des verres sur pied. Des cadres photo bancals. Tout ce que les acteurs et le perchman pourraient faire tomber accidentellement. Je me tourne vers Mehdi, qui est appuyé contre la table. Il est sexy. Si j'étais pas une couille molle, je m'approcherais et je l'embrasserais. Si j'étais un homme macho (et lui une femme timide), je l'agripperais par les hanches et je le basculerais sur la table, je lui écarterais les cuisses et je l'attirerais à moi.

Mehdi ne comprend pas pourquoi je le fixe comme ça. Il s'inquiète.

– Alors ? Ça va pas ?

– Si, si, mais… t'es sûr que ça ne gêne pas les proprios ? Il faudrait qu'ils signent une décharge.

– T'en fais pas. Je les connais bien, je leur ai trouvé leur premier appart. Ils sont hyper open. (Il se penche vers moi comme si on était pas seuls dans ce grand appartement.) Ils font des plages nudistes. Et je pense même qu'ils vont dans des soirées libertines.

– Comment tu sais ?

– Je sais.

– Tu sais ?

Comment on demande si les gens font des plages nudistes et des soirées libertines ?

– Je sais tout.

Je souris. Il sourit. Puis il tire sur la manche de son costume et s'assoit sur la chaise. Moi, je m'assois sur le bord de la table. Perchée, je le domine, mais on sait tous les deux que c'est lui qui me domine.

– Je peux t'en trouver d'autres comme ça, me propose-t-il.

– Ah oui ?

– Je pense à un vieux couple qui a un appart secondaire sous toit à Odéon. Il est top. Mais eux, par contre, je pense qu'ils voudront une petite compensation financière.

– C'est l'appart de tes parents ? je demande, provoc', sachant déjà la réponse.

– Imagine ! (Il se marre, mais moi j'imagine très bien.) Ils auraient une crise cardiaque s'ils savaient que d'autres personnes le font dans leur lit.

– Toi, t'as pas couché dedans quand ils n'étaient pas là ?

– Jamais ! Je pourrais pas. Je fixerais la table de chevet en pensant à mon père en train de se moucher et de se mettre de l'Homéoplasmine sur les lèvres.

– Arrête. Ça m'excite.

Il prend un faux air choqué et me lance les clefs, que j'attrape au vol (yeah !). Je les glisse dans ma poche et regarde la baie vitrée avec la vue sur Paris. Il est vraiment très bien, cet appart. Je m'en veux de l'avoir gratos. Ça me fait me sentir sale. Comme si je ne le méritais pas.

– On peut les inviter sur le tournage si ça les tente.

– Mes parents ?

– Non, les proprios. À défaut de les payer pour leur appart, on les laisse mater.

– Ils vont adorer.

Il se penche vers moi. Sa tête est au niveau de mes seins. Son parfum remonte jusqu'à moi. Je suis pas fana de cette nouvelle senteur (offerte par Natou ?).

– Je pourrais venir, moi aussi ? Comme c'est toi qui m'as proposé.

– Je te l'ai déjà dit, c'est chiant, un tournage.

– Tu sors ça parce que t'as déjà tout vu, tout fait. T'es une blasée.

– Tout vu, oui. (Respire, Loli.) Tout fait, non.

– Presque tout, il dit.

– Tu connais l'expression : les cordonniers sont les plus mal chaussés, j'insiste.

Il lève les yeux au ciel. C'est hallucinant : il ne me croit pas du tout.

– Moi, j'ai vraiment rien fait. J'ai été tout le temps en couple. En mode tradi.

– C'est quoi, le mode tradi ?

– Baaaah. J'ai jamais fait de plans à trois.

– Beaucoup de gens vivent très bien sans.

– Toi, t'en as fait.

– Mais non ! J'en ai vu plein. C'est tout.

– C'est ça.

– Tu sais, Mehdi, j'ai couché avec moins de personnes que toi.

Zéro, c'est moins que lui.

– T'as fait moins que trois ?

– Trois ? T'as couché avec trois meufs ?

– Bah, oui, j'étais en couple. Et toi ?

– Zéro.

– Ha ! Ha !

Il est presque agacé que je lui mente. Que je sois incapable de lui dire la vérité. Il pense sûrement que c'est un homme moderne. Qu'il ne me jugera pas si je lui disais que j'avais couché avec cinquante personnes.

– Bon, OK, d'accord. 13.

Même 13, je sens qu'il ne me croit pas.

– 13. Pas plus ?

Il pense que c'est beaucoup plus. Je sens son regard ironique sur moi.

– Tu connais la fameuse règle de trois ? On dit qu'il faut multiplier par trois le nombre de personnes avec qui la fille dit avoir couché. Et diviser par trois le nombre de personnes avec qui les mecs disent avoir couché.

– Trois divisé par trois. Zéro. T'es puceau, en fait.

Il sourit et je comprends. Ah merde, trois divisé par trois, c'est un…

– C'est ça. Et 13 × 3, c'est combien ?

– J'ai toujours été nulle en maths, je marmonne.

– Clairement, il répond, hilare.

J'ai envie d'être la fille qu'il pense que je suis. La dévergondée. La libre. Celle qui assume tout, dit tout. Elle aura des regrets, mais elle s'en fout. Ça passera. Comme tout.

– Y'a un fantasme que je n'ai jamais assouvi, je dis, surprise de ma propre audace.

– Lequel ?

– Le faire avec un puceau.

Merde, il ne sourit pas. Putain, il s'approche de moi. Putain, il est hyper près. Putain, il m'embrasse. Putain, putain, putain. Arrête de commenter : ça gâche le moment.

Ses lèvres sont tellement douces. Je ne me rappelais pas à quel point elles l'étaient. Il met de l'Homéoplasmine dessus ? Comme son père ?

Il rigole. Pourquoi ? Qu'est-ce qu'il y a ? J'embrasse mal, c'est ça ? Il a grillé la pucelle en moi ? Il me demande si j'ai pas un air de déjà-vu.

– Si, un peu. Mais j'aime bien.

Cette fois, c'est moi qui l'embrasse. Et je mets la langue.

Il est à fond. J'en suis sûre. Il a même besoin de reprendre sa respiration. Il va me dire qu'il m'aime.

– Loli ?

– Oui ?

Moi aussi, je t'aime.

– Je sors d'une relation de 3 ans… je veux pas me relancer dans un vrai truc.

Je l'écoute déjà plus. J'ai compris. Il ne n'aime pas. Je me suis construit un fantasme de merde pendant 11 ans et des poussières. J'ai été très conne.

– Nan, mais ça va, Mehdi. C'était juste un baiser. On est potes.

– Je veux y aller mollo, c'est tout. *No pressure.*

Sa manière de placer des phrases anglaises sans raison me gonfle de ouf. Le mec a eu 9 en anglais au bac. Pour qui il se prend ?

– Nan, mais c'est bon, je réponds sur la défensive, on n'aurait pas dû s'embrasser.

Il s'apprête à répondre, mais je le coupe. Je veux pas de sa pitié.

– Pour tirer, il vaut mieux Tinder que son ex.

Il fait une moue pas convaincue. Il faut que je parte. J'ai trop envie de pleurer. Pense à autre chose. Mets ton manteau.

– T'es sur Tinder ? je demande pour éviter de chialer.
Il prend aussi sa veste.
– Oui, il avoue, gêné.
Putain…
– Moi aussi. (Dès que je l'aurai installé.)

***

Je n'ai jamais vraiment aimé Mehdi. Je suis obsédée par lui. Nuance. Maintenant je peux passer à autre chose.

Distance maximale ? 10 km ? Non, je vais étendre à 50 km. Je ratisse large. Tranche d'âge entre 20 ans (avec un peu de chance, je vais tomber sur un puceau comme moi) et 35 ans (pourquoi pas un pygmalion qui va m'initier à des trucs cools). J'ai déjà testé les applis, mais je n'ai jamais engagé de conversation. Je ne sais pas pourquoi. Avant, je me disais que j'avais le temps, je n'étais pas pressée. L'homme de ma vie se manifesterait sans que j'aie besoin de sortir. Puis je n'ai plus eu le temps : trop de travail, trop de choses à gérer. En vrai, j'avais trop peur. L'idée de rencontrer les hommes pour de vrai me paniquait. Quand ils me proposaient de prendre un verre ou un café, je me mettais à suer. Je pensais : ils vont être déçus en voyant ma tête et mon corps. Ils vont me trouver chiante. Et je finissais par supprimer mon compte. Mais aujourd'hui j'ai décidé d'accepter de me faire rejeter.

Métier : j'aimerais bien dire infirmière ou fleuriste ou juriste. C'est le genre de métier qui plaît.

Photos. Merde. J'ai pas de photos seule. Je suis forcément avec mon frère, mais je vais pas le cropper, si ? Tout le monde va croire que c'est mon ex.

Quoique. On s'en fout. L'objectif, ce n'est pas de trouver l'amour, mais de trouver celui qui va me dépuceler pour que je puisse le faire avec Mehdi.

Le problème, c'est que non seulement faut que je perde mon pucelage, mais va falloir aussi niquer beaucoup de monde pour rattraper mes 11 ans de retard et duper Mehdi. C'est chaud. Je suis coincée. Comme Jean-Claude Romand. Je suis piégée dans un mensonge que je suis obligée d'entretenir. Si J-C s'était confié à quelqu'un au tout début, son pote lui aurait dit qu'il avait merdé, mais que maintenant il fallait qu'il dise la vérité à sa femme. Elle s'en remettrait. Et lui aussi.

Dis-le à Mehdi que t'as jamais baisé.

Mais les autres ne comprennent pas. Il n'y a que J-C qui me comprend. Allez, hop. Je vais demander à Thomas de me prendre en photo. C'est son boulot de mettre en valeur les culs et les seins. Je frappe à la porte de sa chambre.

– Thomas ? Thomas ?

Putain, il est sourd. Il doit avoir son casque sur les oreilles.

– Thomas ?

J'entrouvre la porte de sa chambre. Ses étagères sont bourrées d'appareils photo vintage ou pétés, de pellicules, de cartes SD. Je le vois le cul posé sur sa chaise, derrière son ordi à deux écrans. Je m'apprête à le rejoindre. Mais je vois sur l'écran des images de Guillaume, son ex. Il sourit, embrasse Thomas, rit… Je ne peux pas voir le visage de mon frère mais je sens qu'il faut que je reparte. Je recule et referme doucement la porte.

Bon. Plan B. Où est maman ? J'entends la télé.

Ils sont dans le salon (je ferais une super Sherlock). Tiens, ils regardent *Die Hard*. J'adore !

Papa mange. Forcément. Et où est maman ? Elle est couchée ? Elle a fait tomber quelque chose ? Difficile à dire. Je m'approche du canapé.

Ah.

Je recule en essayant de ne pas me faire repérer. C'est abusé de sucer dans le salon alors qu'il y a ses enfants qui pourraient débarquer à tout moment. Merde. Ça me dégoûte. Tout le monde s'est donné le mot ou quoi ce soir ? Je fais une overdose de cul, là : j'en peux plus. Je suis la seule au monde à être gavée ? À penser que le sexe, c'est pas aussi cool que tout le monde le dit. Si ça se trouve, baiser c'est nul. C'est ça le plus gros mensonge de l'humanité. Nous faire croire que c'est cool.

Mon selfie, je vais le prendre toute seule dans la salle de bain. Je m'en fous. J'ai besoin de personne.

Voilà.

Bon, avec les yeux rouges et les larmes, ça ne rend pas grand-chose. Hop, un peu de maquillage. Du blush, du rouge à lèvres, un anticerne. Et je refais une prise.

Souris, Loli. Le premier qui me matche, je le baise.

Chapitre 11

– Tu t'appelles Loli ? C'est ton vrai prénom ? Ça fait très pseudo, constate Nino, petit, cheveux ras et gros grain de beauté sur la lèvre.

– C'est Lolita.

– Lolita. Comme dans le film de Kubrick, c'est ça ? L'allumeuse, là.

Un peu saoulée, je me penche vers lui, en appuyant mes coudes sur la table, mais elle ne tangue pas. Pourtant, je suis dans la même brasserie où Mehdi et moi avons pris notre bière. Avec l'autre, on est assis à la même table. J'ai commandé la même chose : une blonde pression. La pinte.

– Alors, en vrai, c'est la Lolita de Nabokov, un auteur russe. Kubrick a juste adapté son livre. Mal. Parce qu'à la base, Lolita est victime d'un pédophile qui justifie son viol en se racontant qu'elle l'allume.

– Rohh, elle le chauffe quand même un peu, non ?

– Elle a 12 ans.

– Ouais, bon… enfin, bref, on doit faire gaffe à ce qu'on dit maintenant. Donc je me tais.

Ouais. Tais-toi.

Le truc relou de Tinder, c'est ça, le mec présume que je le kiffe parce que je l'ai liké. Sur l'appli, quand on trouve la personne attirante, on le fait savoir avant même d'engager la conversation en balayant l'écran du côté droit. À partir de là, il n'y a pas de doute. On sait qu'on plaît. Mais, en dehors des applis, quand on rencontre quelqu'un dans la vraie vie, on n'est jamais sûr. Est-ce que la personne me drague ou c'est dans ma tête ? Y'a un flou juridique dans la vraie vie qu'on n'a pas avec les applications. Nino, il sait (en tout cas, il le pense) qu'il me plaît, alors il se permet d'être un bouffon. Pour lui, c'est du prémâché, à réchauffer 30 secondes. La meuf lui a dit qu'elle voulait le faire et lui a proposé de prendre une bière près de chez elle. C'est bon, quoi. Eh bien non, Nino : plus tu parles, moins j'ai envie de te sucer. Je sens que ma libido, cette petite pute capricieuse, se fait la malle. Une négociation interne s'engage pour qu'elle ne démissionne pas. Peut-être que je pourrais m'imaginer le faire avec Mehdi pendant que je le fais avec lui ? Ma libido fait une moue pas convaincue. Elle veut Mehdi. Moi aussi.

J'aurais aimé que Mehdi me dise : « Non, déso, je t'apprécie, mais tu me plais pas assez pour plus. » Ça aurait fait mal (très mal), mais au moins j'aurais pu tourner la page. Mais, là, il y a un entre-deux chelou. Je sens que je lui plais, mais il a peur. À 14 ans, Mehdi a sonné chez moi et il m'a demandé si j'étais contente que le cours d'EPS ait été annulé et si je voulais sortir avec lui. Tout d'un bloc. Des gouttes de sueur perlaient de son front alors qu'on était en plein hiver. À ce jour, c'est la plus belle déclaration qu'on m'ait faite. La seule aussi. Mais, aujourd'hui, on fait plus ça. À 25 ans, ça serait bizarre.

De nos jours, on couche d'abord et on voit après. Ça me tue de ne pas savoir. Est-ce que, quand Mehdi m'a dit qu'il voulait y aller mollo, il voulait juste coucher et pas plus ? Est-ce qu'il pense qu'il peut tomber amoureux de moi ? Est-ce qu'il l'est déjà, mais n'assume pas ? Est-ce qu'il veut une relation sérieuse ou pas ? Deux enfants ? Un chien ? Une Tesla ?

J'aimerais bien tomber sur le profil Tinder de Mehdi. Je pourrais savoir ce qu'il recherche. Sur celui de Nino, la seule chose écrite était « rien de bien sérieux ». Quand je lui ai dit : « Salut, moi non plus », il m'a tout de suite proposé de se voir après 22 heures.

Non, d'abord il a dit « slt sa va ? ».

Et comme je répondais pas (les fautes d'orthographe, ça passe encore, mais il aurait pu écrire « salut » en entier quand même, ça crie la feignasse qui va rien faire au lit), il a ajouté : « J'aime bien ton sourire. » Je me suis alors dit que j'allais perdre ma virginité avec lui. Je me suis imaginé le sucer. Qu'il me prenne en levrette (quoique pour une vierge c'est peut-être un peu hardcore, mais je préfère l'idée d'avoir mon premier missionnaire avec quelqu'un qui compte. Mehdi).

Au début j'ai failli dire à Nino que j'étais vierge, mais même avec quelqu'un que je ne connais pas, et que je ne reverrai plus jamais, ça me gêne. J'ai fait trois ans d'équitation : mon hymen s'est fait la malle depuis longtemps. En vrai, j'ai cette peur irrationnelle que Nino répète à tout le monde qu'il m'a dépucelée. Imagine, il connaît quelqu'un qui connaît quelqu'un qui connaît Mehdi ? Tout le monde le saura. (« Ah, c'est donc elle, la pucelle de 25 ans ! ») Non, non. D'ailleurs c'était une erreur de m'appeler Loli sur Tinder. J'aurais dû dire que je m'appelais Sabrina. Heureusement j'ai eu le bon réflexe de ne pas dire que je bosse dans le porno, ça aurait été ingérable. Nino m'aurait demandé un plan à trois avec ses potes ou un truc dans ce genre. C'est sûr. Et je n'aurais pas réussi à me débarrasser de lui. Alors que, là, il s'agit d'une nuit. Même pas. Deux heures et après je rentre. Je sens mon désir qui se dérobe. Mon corps se débat. Il veut rentrer, piquer les surimis de mon père et regarder une série télé avachi dans le canapé aux mille sécrétions humaines. Eh bien non. J'emmerde mon désir. C'est moi qui décide et si je veux le faire avec ce gars, on le fera. Au pire, si je saigne, ça sera quelques gouttes, je ferai alors croire que j'ai mes règles. Problème réglé.

Et c'est trop tard. J'y suis. Et je me suis engagée moralement. Il n'y a pas de retour en arrière possible. J'ai déjà fait une capture d'écran de sa photo de profil sur Tinder pour garder son visage en souvenir. Et revoir de temps à autre celui qui m'a dépucelée. D'ailleurs, je sens qu'il s'apprête à me proposer de payer ma bière et d'y aller.

– T'aimes bien la sodomie ?

Qué ?

– Euh, pardon ? je balbutie.

– Je sais pas. Je demande ça comme ça. Y'a plein de meufs qui aiment ça maintenant.

– Baaaah… on se connaît pas trop. Donc bon…, puis j'ajoute : et j'ai mangé du piment et tout.

– Le piment, ça donne la chiasse ?

Au secours, c'est quoi cette conversation ?

– Ça donne des hémorroïdes. À moi en tout cas.

Mais pourquoi je lui réponds ? Ne l'encourage pas !

– T'en as, là ?

Il insiste, ce con !

– Pas tout de suite à l'instant. Mais c'est un risque.

Vite, comment on passe des hémorroïdes à un autre sujet ? Je teste.

– Sinon, t'as des frères et sœurs ?

– Oui… mais je suis désolé, c'est personnel comme question.

J'hallucine ! Le mec me bassine sur mes hémorroïdes, mais la famille, c'est sacré. C'est mort, je ne perds pas ma virginité avec un con pareil.

– Écoute, je suis désolée, mais je le sens pas trop en fait.

– T'es sérieuse ? Mais j'ai fait 45 minutes de métro.

Je comprends, mais je vais pas me forcer non plus, Nino.

– Je suis désolée, mais je viens de recevoir un texto du taf. Faut que j'y aille. Je peux te payer ta bière si tu veux.

– T'aurais dû me dire que t'avais pas de temps. C'est un manque de respect, je trouve.

– Je suis désolée.

– OK.

– Je t'offre la bière ?

– C'est pas une histoire d'argent. C'est une histoire de principe. Si tu m'avais dit que t'étais pas sûre, on se serait retrouvés près de chez moi. Comme ça, je serais rentré direct.

J'ai pas le feeling, j'ai pas le feeling. Il veut que je lui dise quoi ? La vérité ? La vérité, c'est que j'en aime un autre, mais qu'il n'est pas prêt à avoir une autre relation. Donc moi j'attends. Mais ça fait 11 ans que ça dure et, à ce rythme, je vais mourir vierge. Mais je préfère encore ça que de le faire avec toi, Nino.

– Nan, mais j'ai mes règles. C'est la fin. Mais je saigne encore.

– C'est ça. Vas-y, salut.

Il se lève et part.

Et la bière ? Il va payer ?

Non. Même pas.

Charmant.

Chapitre 12

Je me rappelle très bien mon premier tournage. L'actrice s'appelait Hermela. À l'époque, voir les gens nus me mettait mal à l'aise. Je baissais le regard quand ils retiraient leurs vêtements devant nous. J'étais gênée pour eux. J'avais froid pour eux. On voyait les poils de leur corps se hérisser dans ces grands appartements non chauffés. Moi aussi, j'avais envie de me désaper avec eux. Histoire que tout le monde soit sur un pied d'égalité.

Au début, j'étais tellement stressée que j'oubliais tout. Les raccords, les préservatifs, le lubrifiant. Je méritais d'être virée, mais j'étais la fille du patron. Pour moi, le porno, c'était comme travailler à McDonald's. Personne ne se dit : « Je vais y travailler toute ma vie. » Travailler pour mes parents, ça devait être temporaire. J'étais snob. Pour moi, le porno était une industrie de ringards. Mon père et ma mère, c'était différent, mais les autres, ils étaient forcément des pervers addicts au sexe. Et les actrices, des victimes. Des femmes seules, désespérées, qui doivent nourrir leur famille (nombreuse) – qui n'ont le choix qu'entre ça ou la prostitution. Ou McDo. Entre les trois, l'industrie qui paye le mieux, c'est le porno.

Mais Hermela, c'était pas ça.

Elle était magnifique. Ce détail a son importance, car, pendant le tournage, l'acteur avec qui elle tournait ce jour-là ne la regardait pas. C'est moi qu'il matait pour bander. Ça m'indignait ! Regarde-la, elle ! Elle est tellement plus belle que moi. Puis, j'ai compris. Il ne la regardait pas, car elle était nue. Moi, je portais des vêtements. Il était tellement blasé de voir des femmes nues toute la journée qu'il préférait fantasmer sur celle qui était habillée. Moi, je ne voyais que Hermela. Je me suis même dit : si j'étais lesbienne, elle me ferait oublier Mehdi.

Hermela, qui voyait que je la fixais, s'est méprise sur mon regard. Elle m'a dit : « C'est pour ça que je le fais. » Qué ? Quoi ? Comment ? J'ai fini par comprendre que « ça », c'était son clitoris. Et qu'il avait été excisé. J'ai honte, mais je n'avais même pas remarqué. J'ai appris que si elle s'était lancée dans le porno, c'était pour reprendre le contrôle de son corps. Sa tante le lui avait volé le jour où elle le lui avait tranché. Juste avant de sortir la lame, elle lui avait ordonné : « Sois une bonne fille. »

En baisant face caméra, avec plusieurs mecs, Hermela lui disait – à elle et à toute sa famille – d'aller se faire mettre. Travailler dans le porno, c'était l'acte de rébellion ultime. Elle mettait un point d'honneur à jouir à chaque rapport aussi. Quelle guerrière ! Moi, je n'arrive même pas à demander à ma mère d'arrêter de faire des blagues de cul devant moi, alors…

Au bout de quelques mois, Hermela a fini par arrêter, forcée par sa famille, qui la harcelait (oui, c'est horrible). Mais c'est grâce à elle que j'ai continué. Avant elle, pour moi, travailler dans le porno, c'était forcément un non-choix. Elle m'a montré que le porno pouvait être plus que juste du porno.

Toutefois, c'est la seule que j'aie rencontrée comme ça. L'histoire lambda, c'est « j'aime ça ». Ça étant le sexe. Pour la plupart, le porno, ça ne tient qu'à ça. Mais moi, je n'aime pas ça. Ou plutôt je ne connais pas ça.

Je me demande ce que Hermela est devenue.

– Faut que je parte à 16 h 30 au plus tard. Pour aller chercher ma fille.

– Elle a judo ?

– Non, pourquoi ?

Emma, la tête posée contre la tête de lit, regarde l'heure sur son portable d'un air blasé.

On se tourne tous vers Yanis et sa demi-molle. Ça va être chaud pour finir à 16 h 30...

Tomtom balance un « on fait une petite pause ».

– Prends ton temps, Yanis, il ajoute.

Le ton est parfait. Sympa mais ferme. Il lui rappelle en douceur que, dans une heure, il n'y a plus d'actrice. D'un geste de la main, je fais comprendre à tout le monde que c'est le moment de sortir, pour le laisser se concentrer. En ce moment, il est de très bonne humeur. C'est notre dernière scénette et on passera au film. On a obtenu les financements. Tomtom fantasme que ce nouveau film lui ouvrira les portes des États-Unis.

Dans le couloir, Mehdi me rattrape. Il souffle, nerveux pour Yanis. Pendant que les autres fument au balcon, nous, on va dans la cuisine ouverte pour grignoter.

Depuis qu'il m'a embrassée et jetée, on fait comme si de rien n'était. Ce moment n'a jamais existé. Même si nous sommes dans la pièce où tout est arrivé.

– Tu vois ? je lui dis. Je t'avais dit que c'était chiant.

– C'est pas chiant. C'est horrible.

– Comment ça ?

– Le mec a une pression d'enfer ! On est tous à le regarder pendant qu'il essaye de bander. Moi, je pourrais pas.

– C'est pour ça qu'on ne t'engage pas.

– La meuf l'aide même pas !

– Encore heureux !

– Bah, pourquoi ?

– De un, c'est pas son taf. De deux, est-ce que le mec la lèche pour la faire mouiller ! Non.

– C'est différent. Y'a du lubrifiant pour ça. Alors qu'un mec, y'a rien. À part le Viagra. Et encore.

– C'est pour ça qu'il doit être bon.

– Bon. Au moins il est bien payé.

Je me marre.

– Chez nous, ce sont les femmes qui sont payées 3 fois plus en moyenne.

« Chez nous ». Quand l'envie me prend, l'entreprise de mes parents devient aussi la mienne.

– T'es sérieuse ?

– Oui. Quand tu regardes un porno, tu mates le mec ? Son visage ? Ses fesses ?

– Non.

– Bah voilà. Tout est une histoire d'offre et de demande. Tu ne payes pas pour mater l'homme, mais la femme.

– Je ne paye pas pour du porno.

– Ça, c'est un autre problème.

Mehdi tire une taffe sur sa cigarette électronique. Pensif. Il me demande ce qui risque de se passer si Yanis n'arrive pas à bander.

– Il sera remplacé par un autre. Et on ne l'appellera plus.

– Putain… C'est dur.

– Bah non, justement, c'est mou.

– Arrête.

J'ai rarement vu Mehdi aussi sérieux. Comme beaucoup de mecs, l'idée de devenir acteur porno a dû le titiller. Pas au point d'en faire son métier, non. Mais il s'est sûrement aventuré à croire qu'il pourrait gagner un complément de revenus en baisant le soir et les week-ends. Ça lui aurait fait une rentrée d'argent plus sympa que de louer son appart sur Airbnb. Mais lorsqu'on fait de sa passion son métier, souvent elle déçoit. La saveur du fantasme perd son beau plumage et l'aura de départ s'envole. La réalité se révèle et elle est décourageante avant même qu'on ait essayé. Mehdi le voit bien. Non seulement il serait mal payé, mais il prend conscience qu'il ne pourra jamais tenir la cadence militaire qu'impose ce genre de tournage. Le pauvre chou arbore le visage du type battu, de celui qui a déjà envie d'abandonner avant d'avoir commencé. Il ne dit rien, mais je sais que, aujourd'hui, Yanis et moi venons de briser son plan B. Il est condamné à rester agent immobilier.

Je tourne la tête vers la table, là où on s'est embrassés la semaine dernière. Bientôt ce beau souvenir sera sali par les fesses d'Emma et Yanis.

– Mais… ça arrive souvent ? demande Mehdi.

– Quoi ?

– Qu'ils bandent mal ?

Putain, le mec est encore dessus. Passe à autre chose, Mehdi.

– Non. En général, ils ont l'habitude. Certains aiment même qu'on les mate, je dis en pensant à celui qui me matait.

– Ah oui ? Moi, je pourrais pas.

– Moi non plus. Je suis beaucoup trop timide.

– T'es pas timide.

– Si.

– Toi ? La meuf qui bosse dans le porno ?

– Je n'ai jamais fait le premier pas, j'explique.

– Ça, c'est autre problème, il rétorque.

Je sens qu'on va encore s'embrasser, qu'il va m'agripper, m'attirer à lui. Il va falloir trouver un endroit où le faire là tout de suite maintenant.

– Il bande ! Il bande ! Go, go, go !!

Thomas rameute toute l'équipe technique, surexcité. Mehdi se précipite, me laissant seule et frustrée.

Chapitre 13

« Tu fais quoi ? »

Le message de Mehdi semble simple, mais « Tu fais quoi ? » peut dire beaucoup plus de choses qu'on le croit. Au mieux, il me drague. Indirectement, il me propose qu'on se voie. Il a changé d'avis depuis la semaine dernière. Quand il m'a dit qu'il voulait « y aller mollo » et qu'il ne se sentait pas prêt pour une relation, en fait si. Il regrette de m'avoir sorti cette phrase débile. Alors il m'a écrit.

Il est tout excusé.

« Tu fais quoi ? » Ça ressemble un peu aux messages lourdingues que les mecs Tinder envoient à 4 heures du mat' en rentrant de soirée. Ils ont encore un peu de jus. Ils ont la flemme de se branler, alors ils écrivent. Le temps que le plan cul leur réponde, qu'elle vienne à eux ou qu'ils viennent à elle, qu'ils reboivent, et le fassent… il est évident qu'ils auraient gagné plus de temps à s'occuper d'eux tout seul. Sur le coup, c'est tellement simple d'écrire trois mots. Mais là, il m'a écrit à 18 h 02.

Je réponds « Porqué ?;) ». Le smiley est en trop. Mais j'aime ma réponse de lâche qui n'engage à rien.

5 secondes. Le problème d'avoir répondu, c'est qu'il ne me reste plus qu'à attendre. Quand on aime quelqu'un qui ne nous aime pas en retour, le temps ne s'écoule plus pareil. Il devient interminable. 5 minutes équivalent à 5 heures. Jamais je n'ai autant regardé mon portable, imaginé des conversations avec Mehdi. Je ne fantasme pas forcément qu'il revienne vers moi en rampant. C'est plutôt l'inverse. Je l'imagine chez lui en train de vivre sa vie sans penser à moi. Il doit se lever le matin en se demandant : est-ce que je me lève maintenant ou dans 10 minutes ? Est-ce que j'ai faim ou pas ? Moi, je me lève en pensant à lui. Je rejoue notre conversation, ce que j'aurais pu faire ou dire pour éviter qu'il ne me dise qu'il ne se sentait pas prêt. Je rejoue aussi nos dialogues d'il y a 11 ans. On ne parle pas assez des coups de foudre non réciproques. L'histoire ne les retient pas. Combien de personnes, comme moi, ont vécu une histoire d'amour dévorante toutes seules de leur côté sans que l'objet de leur obsession soit au courant ? Nous sommes les oubliés.

Ça doit bien faire 2 minutes, là. C'est trop insupportable. Faut que je m'occupe l'esprit. Tiens, je vais lister tout ce qu'il peut me répondre.

– Pour rien.

– Je me languis de toi. (Si c'est un mec coincé au XVIIIe siècle.)

– Tu me manques (plus moderne).

– J'ai été con. (Là je vais devoir répondre un « oui mais pourquoi ».)

– J'ai envie de toi.

– J'ai les couilles pleines (vulgaire et assez improbable, cette réponse, mais autant tout lister).

– J'ai envie d'aller au ciné, tu viens ?
– Je me sens seul.
– Je t'aime.
Je crois que j'ai tout couvert.
« Ma mère a fait du couscous. Passe »
Sans point après le « Passe ».

Les parents ne l'avoueront jamais, mais ils ont forcément un préféré. Attention, ça veut pas dire qu'ils n'aiment pas leurs autres enfants ! C'est une question d'affinités, c'est tout. Mon père m'a choisie. Ma mère a pris mon frère. De temps en temps, quand on les saoule trop, ils échangent leur chouchou. Madame Driss, elle, n'a jamais changé. Ses filles, elle les aime, mais Mehdi, elle l'adore. Elle estime que personne ne sera jamais assez bien pour son fils. Quand on y pense, c'est surprenant que Mehdi ne soit pas devenu un égocentrique mégalomane en ayant grandi avec une mère qui l'adule autant. Moi, je ne supporterais pas que ma mère m'appelle tous les jours. De toute façon, pourquoi est-ce qu'elle m'appellerait alors qu'on vit ensemble ?

Madame Driss est en réalité docteur Driss. Médecin généraliste. Son mari, le père de Mehdi, est chirurgien-dentiste. Elle a le don pour sous-entendre que son mari n'est pas vraiment médecin avec des phrases bien senties comme « moi aussi, j'aurais dû arrêter mes études plus tôt pour mieux gagner ma vie en travaillant moins ». Quand elle n'aime pas les gens, madame Driss ne se force pas à le cacher – même s'il s'agit de son mari.

– Bonjour madame Driss. Comment allez-vous ?

– Ça va. Ça va. Mal au genou. Et toi ? Ça fait longtemps, Lolita, dis donc.

C'est la seule personne à m'appeler par mon vrai prénom. Parce qu'elle sait que je ne connais pas le sien. Au début, j'étais trop timide pour le lui demander (ou elle me l'a dit et j'ai oublié, ce qui est pire) et dire « madame Driss » nous allait très bien à toutes les deux. Depuis, trop d'années ont passé pour que je puisse lui demander comment elle s'appelle. Pas question de demander à Mehdi non plus. Une fois, j'ai essayé de regarder sa carte d'identité, mais elle a été plus vive et l'a rangée dans son portefeuille en me demandant d'arrêter de l'appeler « madame » et de la vouvoyer. Elle sait. Je sais qu'elle sait.

– Ça va bien. Merci.

– Tu vis toujours chez tes parents ?

– Euh. Oui… mais je vais déménager.

– Ah bon, quand ? Pourquoi ?

La mère de Mehdi ne te parle pas, elle t'engueule. C'est son mode de fonctionnement.

– Je sais pas encore précisément.

– Attends un peu. Pas trop tôt. Ils ont besoin de toi.

Pourquoi elle dit ça ?

– Mehdi est là ?

– Et ton frère, comment ça va ?

– Il va bien.

– Il a pas l'air d'aller bien.

Elle prend l'air de quelqu'un qui sait. Comme si elle passait plus de temps avec mon frère que moi.

– Il est fatigué.

– Y'a pas que ça. Il est triste.

– Vous croyez ?

Elle me regarde comme si j'étais conne et me lance un « Bah, entre ».

– Merci.

Ça fait 11 ans que je n'ai pas mis les pieds chez Mehdi. Les souvenirs sont capricieux. Le cerveau sélectionne de manière aléatoire ce qui va rester et ce qui va en sortir. Par exemple, cet escalier en colimaçon ne me dit rien. Mais les petits carreaux aux fenêtres, le meuble de métier à mille tiroirs, le carrelage froid en losanges terracotta, je m'en souviens. L'odeur surtout. Chez Mehdi, ça sent toujours quelque chose. Le couscous, la blanquette de veau, le gratin. Des plats en sauce en général. Jamais de dessert. On ne sent pas le sucre chez les Driss. À travers les petits carreaux, je reconnais le jardin. Il est envahi par la mauvaise herbe, mais par choix. Madame Driss a planté de la menthe partout pour se faire son thé (sans sucre). Pourtant, les dimanches, quand j'accompagne ma mère au marché, je la vois quand même en acheter des bouquets entiers. Par la verrière du couloir, j'aperçois une silhouette familière enfoncée dans le canapé qui a toujours eu trop de coussins. Il ne s'agit pas de Mehdi.

Mon frère.

Mehdi ne m'a pas invitée pour me voir. Il m'a invitée à une soirée entre potes du quartier. Mes genoux tremblent, prêts à s'effondrer, à même le carrelage glacé, mais mon cerveau lutte pour paraître impassible.

Qu'ont-ils en commun, ces deux-là ? (À part vivre chez leurs parents.) Ils n'étaient pas potes à 14 ans. Je finis par comprendre que c'est la mère de Mehdi qui l'a invité à manger.

– Qui d'autre vient ? je demande.

– Personne.

– Bah alors, Mehdi ? T'as pas beaucoup de potes, lance mon frère, taquin.

Il sourit, mais ce n'est pas sa meilleure blague.

– Ils habitent tous à Paris. Je ne connais que vous ici.

Je soupire bruyamment :

– On est les seuls à encore vivre chez nos parents.

Mehdi, lâche, se désolidarise :

– Moi c'est temporaire.

– Ouais, réplique Tomtom, on dit tous ça.

– Nan mais, sérieux, pourquoi vous bougez pas ?

Je sais pas. J'ai l'impression que le jour où je partirai de chez moi, j'aurai tout. Le bon CDI – dans une boîte de marketing branchée ou une start-up. Le bel appart stylé avec vue sur les toits de Paris. L'amoureux (Mehdi). Tant que j'ai pas ça, à quoi bon ? Autant rester en bas.

Le sujet change. On passe pèle-mêle des impôts au jeu Sims, au dernier match du PSG, à *La trilogie du samedi* sur M6, puis on en vient toujours et encore au porno. Mehdi lance que ça doit faire bizarre d'avoir découvert le porno par le biais de nos parents. Je le corrige : le porno, je l'ai découvert bien avant eux. Thomas confirme : sur Internet, quoi. Comme tout le monde.

– Pas moi, répond Mehdi.

– Ah bon ? Comment t'as découvert le porno alors ?

– Par toi.

Grâce aux DVD que j'ai rapportés sur une clé USB (ceux que mon père m'avait filés). Je nie, mais Mehdi insiste. C'est moi qui lui ai fait son éducation sexuelle. C'est même moi qui lui ai montré comment mettre un préservatif. Suite à mon explication, il s'est entraîné frénétiquement sur tous les légumes de la maison, jusqu'à ce que sa mère fasse remarquer un jour – en ouvrant le frigo – que les légumes avaient une odeur de plastique.

Je refuse de le croire. Personne ne découvre le porno à 14 ans. Tout le monde en a vu avant 10 ans. Moi, c'était en CE2. Avec Mélissa. Elle m'a appris ce que voulait dire « crazy horse », ce qu'était un string (répété le soir même à mon frère), et elle m'a fait regarder ma première fellation. On avait attendu que sa mère parte pour aller chercher le petit frère de Mélissa à la crèche, puis on s'était installées derrière l'ordinateur qui était au milieu du salon. J'étais nerveuse parce que l'écran était tourné vers la porte d'entrée. À tout moment, on pouvait nous griller. Mélissa a tapé dans le moteur de recherche « gros culs, gros seins ». Parce qu'à l'époque on n'avait ni l'un ni les autres. Les premiers sites étaient bloqués par le filtre parental, mais on a fini par tomber sur une vidéo d'une fille aux gros seins et au gros cul qui le faisait avec un homme. Tu vois, m'a expliqué Mélissa, le pénis entre dans notre trou et ça donne le porno. Et des bébés aussi. Mais pas toujours. Ça dépend où t'en es dans le mois, m'a-t-elle expliqué d'un ton professoral. J'avais bien envie de prendre des notes pour être sûre de ne rien oublier, mais j'avais une trouille bleue qu'on trouve mon carnet. En boucle, je me suis alors répété : cul, bite, trou, bébés, pornos. Ainsi de suite.

Quelques semaines plus tard, Mélissa m'a raconté que sa mère avait parcouru l'historique du moteur de recherche (on avait oublié de l'effacer). J'étais pétrifiée. Ma vie était finie : j'allais finir en prison. Mais Mélissa m'a rassurée, sa mère a accusé son père. Il s'est pris un sacré savon. Tout roule. Des années plus tard, j'ai appris que le couple avait divorcé, une partie de moi s'est toujours demandé si la fausse accusation avait précipité la chute de leur mariage. Si Mélissa et moi étions en partie responsables de leur séparation.

Découvrir que je suis celle qui a exposé Mehdi au sexe me plonge – sans exagération – dans un désarroi total. Même si je les défends contre mon frère, je me suis toujours dit que mes parents avaient un peu merdé. Ils n'auraient pas dû se lancer dans un plaidoyer pour le sexe. Ils n'auraient pas dû me filer ce vibro de seconde main. Si je suis trauma du cul, c'est en partie à cause de ça. Sauf que les rôles sont maintenant inversés. J'ai trauma Mehdi.

Pardon. Pardon. Pardon. C'est la seule chose à dire. Mais il s'étonne : pourquoi je m'excuse ? Il l'aurait appris d'une manière ou d'une autre. Et puis, autant apprendre d'une experte comme moi, ajoute-t-il. Thomas et moi échangeons un regard gêné.

Les preuves de ma connaissance sur le sujet s'accumulent contre moi. Comment lui dire que, derrière l'experte du sexe, se cache une petite pucelle ? L'aveu est impossible. Il faut que je trouve un autre moyen. Onze ans. Le mensonge est trop enraciné.

Chapitre 14

J'ai toujours détesté les débuts de relation. C'est peut-être pour ça que je n'en ai jamais commencé aucune. Les autres semblent aimer l'excitation des débuts, les papillons dans le ventre, comme ils disent. La sensation de manque.

Ce qui me manque, c'est un mode d'emploi de la personne. Idéalement, il me faudrait un logiciel qui puisse analyser ses micro-expressions faciales en direct, aurait recueilli pour moi toutes les données sur son passé et ses traumas et saurait me les recracher si nécessaire. Johnny fait la gueule en rentrant du travail ? La puce s'active et me souffle dans l'oreillette que lorsque Johnny fronce les sourcils comme ça, et qu'il ne dit rien, c'est qu'il s'est disputé avec son patron. Je serais tout de suite rassurée : ça n'a rien à voir avec moi.

Cette puce serait hyper utile pour le sexe aussi. Admettons qu'elle soit capable d'enregistrer toutes ses conversations depuis le début de sa vie. Alors, elle le connaîtrait mieux qu'il ne se connaît. Par exemple, elle saurait que Johnny aime bien les pipes, mais pas les branlettes, parce que son gland est très sensible. Elle pourrait me dire qu'il aime qu'on le suce jusqu'au bord de la jouissance, puis qu'on ralentisse le rythme – voire qu'on arrête – et qu'on reprenne très lentement jusqu'à ce qu'il jouisse. Ou encore, page 4, dernier paragraphe, Johnny n'aime pas tant le sexe qu'il le croit. Il préfère les câlins et les papouilles dans le cou. Faire l'amour une fois par mois lui suffit largement.

Dans mon manuel, ce chapitre-là serait vierge. « Loli ne sait pas comment jouir. » Point. À y réfléchir, peut-être que je pourrais marquer ce que j'ai fait et ce qui n'a pas marché jusqu'à présent : le pommeau de douche, l'oreiller, le vibro, les doigts… (liste non exhaustive).

– L'appart te plaît pas ? il demande, inquiet.

Mehdi m'explique qu'il a réussi à convaincre les proprios pour trois fois rien. Il est limite mieux que celui d'avant.

Non mais vraiment. Pourquoi il ne m'embrasse pas ? On est seuls dans un duplex à Montmartre. Y'a un plaid. J'ai deux préservatifs (goût banane parce que faut bien les écouler) qui attendent dans mon sac. La dernière fois, dans ce même contexte, il m'a embrassée. Je lui envoie tous les signaux de la femelle excitée. Je porte un haut rouge. Je ris bêtement à ce qu'il dit. Je me touche les cheveux. Je lui touche l'épaule. Qu'est-ce qu'il attend ?

– Si, si, je réponds.

Clairement, il n'est pas dans le *mood*. Pas besoin de la puce pour le voir. Je demande si les proprios veulent assister au tournage.

– Non, ils sont à l'étranger. Je te file les clefs ?

Merde, il va partir. Je n'ai plus le temps. Fais quelque chose. N'importe quoi.

– Yes. Tu passeras nous voir sur ce tournage-là ?

Il se tortille et décline. Il regardera quand ça sortira, dit-il en sortant de l'appartement.

Suis-le.

Plaque-le contre la porte d'entrée et chope-le. *Raté.*

Colle-toi contre lui dans l'ascenseur. *Raté.*

Appuie sur le bouton stop et embrasse-le. *Nan, trop illégal.*

Ne le laisse pas sortir de l'immeuble. Attrape-lui le bras. « Mehdi ! »

Il a l'air surpris. Moi aussi. Je ne pensais pas que j'allais l'agripper comme ça.

– On se prend un verre ?

– Grave. Mais là, je peux pas. Demain ?

– Quand tu veux, je réponds.

Il part. Et j'erre comme une vierge aigrie dans la rue des Martyrs. J'ai envie de me morfondre à même le sol, mais l'odeur de pisse de chien m'empêche de m'apitoyer sur mon sort.

Bip, Bip ! Je suis sûre que c'est un texto de mon frère, mais secrètement j'espère que c'est Mehdi.

Maman : « Tu peux acheter du lubrifiant ? À l'eau, please. Pas de silicone. Merciiii. »

L'avantage des caisses automatiques, c'est que personne ne va me juger sur mes achats. Le problème, c'est que ces machines de merde ne marchent qu'une fois sur dix. Où est la superviseuse ? Le temps de la trouver, de lui demander de venir, cela aurait été plus rapide de me laisser juger par la caissière et sa caisse à l'ancienne.

– Juste cet article ? demande la superviseuse, visiblement débordée.

– Oui.

– Vous l'aimez bien ?

– Pardon ?

– Parce que moi, ça me donne des mycoses, cette marque. Je sais pas ce qu'ils mettent dedans.

– C'est pas pour moi, j'explique.

– Bah, vous êtes sympa d'en acheter pour votre amie.

– Pas tant que ça puisque je vais lui filer des mycoses.

– Elle n'avait qu'à avoir le cran de faire son shopping toute seule.

– Je suis bien d'accord.

Je la remercie. Grâce à cette caissière – qui ne porte pas de badge –, j'ai oublié Mehdi l'espace de quelques secondes. Ah putain, pourquoi j'y repense ? Parce que je le vois, il est là. Entre les magazines télé et les Tic-Tac à la menthe. Lui, il a bien compris que les caisses automatiques étaient pourraves et il fait la queue, coincé entre deux vieux. Il achète quoi ? On peut dire beaucoup de choses sur les gens d'après leurs courses. Le petit vieux devant Mehdi achète des sandwiches tout faits et des plats préparés. À mon avis, sa femme est partie en vacances. C'est elle qui cuisine d'habitude. C'est au tour de Mehdi, sur le rouleau, il pose des Tic-Tac à la menthe (extra). Et des ciseaux à ongles Scholl.

OK. Nul. Ça ne me dit pas grand-chose.

Si je devais résumer Mehdi en trois aliments, je commencerais par le pain aux raisins. Parce que tout le monde aime les croissants et le pain au chocolat, mais, lui, il aime le pain aux raisins, qui est – selon lui – le vilain petit canard des viennoiseries du matin. Il considère que c'est son devoir de lui donner plus d'amour qu'aux autres.

En deux, le sel marin. Parce que cet homme sale tout, même le fromage.

En trois, le chlore. Techniquement, ce n'est pas un aliment, même si on en avale tout le temps. (Comme c'est mon jeu entre moi et moi-même, j'ai le droit de changer les règles.) Mehdi nageait beaucoup (c'était son sport préféré) et à chaque fois qu'il passait devant moi dans les couloirs, je sentais son arôme piscine et javel. Depuis, je ne peux plus entrer dans une piscine ni même voir une piscine sans penser à lui.

Ça y est, il paye et il s'en va. Je peux facilement le suivre sans qu'il me voie. Tout ça, grâce au chlore. Pendant 11 ans, chaque fois que Mehdi me manquait trop, je me postais devant une piscine et je humais les gens qui en sortaient. Je pouvais y rester des heures. Une fois, je suis restée jusqu'à la fermeture.

De mon côté, je ne porte jamais de parfum. Pas par radinerie, mais par manque de goût. Je ne sais pas lequel mettre qui soit cool sans faire mamie ou pouffe. Le parfum ne reste pas sur ma peau. Il s'enfuit et s'oublie très vite.

Mehdi s'arrête à un kiosque. Il était à Monop' juste avant : qu'est-ce qu'il achète dans un kiosque qu'il n'aurait pas pu acheter dans un grand supermarché ? Des chewing-gums à la menthe. Ça n'a pas de sens. Il aurait pu les acheter avant. Dans un film, ça ne passerait pas. On dirait qu'il y a une erreur de script. Pourquoi le gars s'arrête à un kiosque pour s'acheter quelque chose alors qu'il vient d'acheter des Tic-Tac à la menthe juste avant ? Mais, dans la vraie vie, les gens sont incohérents. Ou tête en l'air comme cela semble être son cas.

Voilà qu'il se pose dans une brasserie. Avec un café à la crème. Pourquoi est-ce qu'il m'a dit qu'il n'était pas dispo si c'est pour se poser seul dans un bar ? Il préfère la solitude à moi ? C'est horrible. Les larmes me montent presque aux yeux.

C'est qui, celle-là ? Ce n'est pas la serveuse puisqu'elle s'assoit à côté de lui. Et qu'elle lui pose une main sur la cuisse. Et qu'elle l'embrasse.

Surtout ne vomis pas. Ne pleure pas. Je comprends pas. Il a dit qu'il était pas prêt à se lancer dans une relation. Alors pourquoi il est avec elle ?

C'est moi, le problème. Il avait juste besoin de temps et je l'ai jeté. J'ai tout fait foirer. En le repoussant, je l'ai jeté dans les bras de cette pute. Nan, c'est pas une pute. Elle est bien sapée et elle est plus belle que moi. Après, c'est pas difficile non plus, je ne suis pas très jolie. Je suis au mieux – comme dirait ma mère – mignonne quand je souris.

La nouvelle copine de Mehdi est jolie même quand elle ne sourit pas. Je crois vraiment que je vais vomir.

Ce que je dois faire, c'est partir. D'abord, quitter cette place. Mais, surtout, partir de France. Disparaître. Repartir de zéro dans un autre pays. Pour oublier Mehdi. Parce que là c'est la preuve. Lui, c'est l'homme de ma vie, mais moi, je ne suis pas la femme de sa life. Je suis sa première copine. Son deuxième baiser (même pas le premier). La fille qui l'a exposé au porno trop jeune. C'est tout. Ça s'arrête là. L'histoire ne continue pas après ce chapitre.

Mes mains tremblent tellement que je n'arrive pas à mettre mon ticket de métro dans le portillon.

Aimer sans être aimée en retour doit être la pire douleur du monde. Elle arrache de l'intérieur. Elle racle le creux de mon estomac. Et ce qui fait le plus mal, c'est que personne ne la voit. Personne ne peut comprendre ce que je traverse. Je suis seule à savoir que l'on me piétine le cœur, que l'on m'étrangle, que des aiguilles s'enfoncent à l'intérieur de moi.

– Hey mademoiselle ! T'es bonne. Oh ! Réponds ! Sale pute, va ! Je te baise !

Ce n'est pas très féministe, mais putain ça fait du bien d'entendre ça. Merci.

Chapitre 15

Le jeu du cavalier m'a redonné une haleine et une odeur humainement acceptable.

1, 2, 3, 4… La seule règle du jeu, c'est rester vivante le plus longtemps possible. À travers la vitre, les villes défilent : Bruxelles, Liège, Cologne, Hanovre… Le visage collé à la fenêtre, je galope dans les champs à la même allure que le TGV. 6, 7, 8… Sans jamais s'essouffler, mon cheval imaginaire saute par-dessus les barbelés, traverse les petits villages, évite les fossés… 9, 10, 11… Meeeerde ! Fait chier. À chaque fois, je sursaute. À ce jeu, on finit toujours par perdre et se prendre un pont ou une habitation. C'était mon jeu préféré en transport : le seul que je pouvais faire enfant sans avoir le mal de cœur. Mon frère lisait des livres, écoutait de la musique, discutait avec les parents, avait le droit de s'asseoir où il voulait, et moi, je vomissais. Pendant des années, je me suis trimballée cette odeur rance. À chaque sortie scolaire, je rentrais avec la bouche pâteuse qui sentait le vieux parmesan périmé. Quand je voyais une voiture, mon corps se tendait, et je salivais aigre, me préparant déjà à régurgiter.

Un grésillement. Dans le haut-parleur, le contrôleur prend la parole. « Willkommen to Berlin. »

Mon frère me presse. On est en retard, ronchonne-t-il. Mais il ne sait même pas à quelle heure on a rendez-vous au festival.

Thomas pense être un grand voyageur. Au fond, c'est un petit casanier. Sortir de chez les parents le plonge dans une profonde angoisse. Parler une autre langue que le français le met mal à l'aise. Quand on sort de France, il devient une petite créature apeurée. Et un chouïa agressive. Je le vois bien : il m'en veut.

À raison. D'habitude, quand Thomas reçoit une invitation pour se rendre à un festival à l'étranger, j'enclenche sans tarder le « pas le temps. Trop de taf », il proteste mollement : « Ah, tu crois ? Dommage. » Et je réponds en son nom, non merci. Il peut gentiment me blâmer : s'il ne voyage pas, c'est parce que Loli l'oblige à bosser. C'était notre accord tacite. Mais cette année, quand mon père a dit : « Thomas a reçu une invitation pour le festival de la Masturbation à Berlin », j'ai répondu : allons-y ! Ce festival, c'est une chance ! On a besoin de se montrer pour gratter quelques investisseurs. En plus, le festival paye tout. Mon père, qui avait déjà la main au-dessus de la poubelle, prêt à jeter l'invitation, a suspendu son geste, surpris. Tout le monde m'a regardée sans comprendre.

Dans la gare berlinoise, nous passons devant un McDo. L'enseigne affiche un menu allemand. Le McMenü avec un tréma. Cette perte de repères désoriente totalement mon frère, qui s'arrête, prétendant que la roue de sa valise est coincée. Je le vois : ses genoux tremblent. Bientôt, il va me dire qu'il a un creux. Ça ne manque pas, il me demande si on peut s'arrêter pour prendre des frites.

Non, on n'a pas le temps. Mais je lui tends une barre Ovomaltine. Ses préférées. Celles qu'on trouvait avant dans la queue des caisses à Décathlon. Au dos du sachet, on peut lire les ingrédients, écrits en français, ça l'apaise. Il s'excuse d'être chiant. Il ne comprend pas pourquoi j'ai insisté pour venir à ce festival.

– Parce que ça m'excite, les gens qui se masturbent, je réponds.

Il lui faut quelques secondes pour saisir mon ton ironique. Preuve supplémentaire qu'il va mal, mais il fallait que je fuie. Le plus loin possible. J'ai pris la première opportunité qui s'est offerte à moi : l'Allemagne. Et mon frère fait partie des dommages collatéraux.

Un Allemand passe à côté de nous. Beau. Ça me redonne espoir. 4 jours. 4 jours à Berlin pour oublier Mehdi. Et me taper un Allemand mignon (ou passable). Enfin, 2 jours sur place si on compte le temps de transport – l'avion étant hors de question puisque Thomas en a peur. Nan, mais c'est surtout que ce n'est pas écolo, clame-t-il depuis que c'est stylé de le dire.

L'Ovomaltine avalé, il se redresse et s'ambiance. Ça va être bien, ce festival de la branlette, dit-il. Puis il se lance dans un monologue de questions. Est-ce que je savais que c'était organisé par une asso féministe ? Qu'ils ont mis dix ans à relancer ce festival ? Que le dernier était à Copenhague ? Il paraît que le festival se tient dans un endroit hyper stylé.

Dans le couloir, le parquet grince en symphonie avec les masturbations en cours. Le vent chaud d'été couine en s'engouffrant par les petits carreaux cassés des fenêtres. J'ai entendu dire par un des jurys que, pendant la Seconde Guerre mondiale, les nazis occupaient cette vieille maison de maître.

Je m'emmerde tellement. Normalement, je sais résister à l'ennui. Ma scolarité tout entière m'a formée à m'évader sans bouger de ma chaise. Mais si je pense, Mehdi apparaît face à moi. Je dois trouver autre chose. Donner quelque chose à mon esprit qui trépigne. Comme ces fourmis, tiens. Reste focus sur elles. Elles n'ont rien à faire là. La bouffe est de l'autre côté de la bâtisse. Y'a que dalle à se mettre sous la dent ici. Disciplinées, elles remontent le long du mur blanc à la queue leu-leu, contournant la hippie blonde qui se masturbe en fronçant les sourcils, hyper concentrée, son visage enfoncé dans ses dread-locks, la tête appuyée contre le mur de pierre. Tout cela, sous le regard attentif de deux membres du jury. Derrière moi, Thomas filme la scène. Il tend la main sans me regarder et je lui donne une batterie pleine.

Sur un pan du mur, une banderole punaisée à la va-vite – et sans moyens – précise que nous assistons au marathon de la masturbation : une heure pour jouir un max de fois. La hippie grogne et accélère le mouvement. Elle va effrayer les fourmis. J'y pense, qu'est-ce que ça mange, ces bêtes-là ? Ça doit pas être bien difficile. Est-ce que la cyprine les attire comme du miel ? L'une d'entre elles se fait la malle et sort de la pièce. Je la suis.

La fourmi et moi nous rendons dans la chambre mitoyenne. Le papier peint fleuri jauni atteste qu'une grand-mère un peu bourge devait dormir là il y a 60 ans.

Comme dans l'autre chambre, un matelas a été posé au sol. Un Asiatique en costume se masturbe dessus. Un drap blanc lui couvre pudiquement les jambes jusqu'à mi-cuisse. Deux chaises occupées par les jurés sont tournées vers ce lit rudimentaire. Ils observent, attentifs, leur sujet. Comme moi, ils se demandent pourquoi cet homme a revêtu son plus beau costume pour s'astiquer. À mon avis, pour lui, ce marathon, n'est pas un jeu. Il y joue sa vie. Comme un sportif de haut niveau, il s'entraîne jour et nuit depuis des mois (voire des années !) pour ce jour-là. Une seule heure où tout se joue. Ce marathon, c'est l'équivalent des Jeux olympiques. Gagner la médaille d'or fera de lui un homme accompli. Peut-être que son père l'aimera enfin. Qu'il lui dira la phrase que tous les gamins veulent entendre : je suis fier de toi. Pour partir gagnant, il a revêtu sa plus belle cravate. J'applaudis sa volonté de gagner, mais (je jette vite fait un coup d'œil à la feuille d'un des jurés) il est mal engagé. La hippie a de l'avance sur lui.

Sur le coin droit du mur de la chambre, le papier peint se détache. Avant d'être la pièce où un Asiatique en costume tente de battre le record du nombre d'orgasmes en une heure, c'était sûrement la chambre d'une Chantal allemande mariée à un Jean-Pascal allemand. Si les fantômes existent, elle doit regarder la scène avec consternation. À l'époque, elle avait prêté sa maison pour combattre ces pleutres français et redorer le blason allemand… quelle dégringolade sociale. Quoique… ce n'est pas plus mal. Dans cent ans, on ne dira plus que la maison était occupée par les nazis. On dira : c'est la fameuse demeure où les gens faisaient des concours officiels de masturbation. Tout le monde s'y rendait – même les fourmis.

L'Asiatique jouit. Une gouttelette sort, attestant son 5ème orgasme. Les juges hochent la tête d'un air sérieux et cochent quelque chose dans leur carnet respectif. Je suis rassurée pour lui : pas la moindre tache à l'horizon sur son costume. Mais je me désintéresse et abandonne la fourmi (je l'ai perdue des yeux) pour rejoindre Tomtom pile à temps pour voir la hippie jouir à son tour. La regarder faire ne m'apprend rien de nouveau. Sa technique, je la connais, c'est la même que celle de ma cousine Sabrina. Sur moi, ça ne marche pas.

Devant les deux jurés, elle soupire d'aise et se remet à l'ouvrage, sans la moindre pause. Les deux juges présents cochent machinalement qu'elle en est à son 17ème orgasme. Attendez. Quoi ? Ce manque de professionnalisme flagrant me révolte ! Elle pourrait tout à fait faire semblant de jouir. Il n'y a rien qui prouve que cet orgasme est authentique. Le seul moyen serait de lui mettre des électrodes pour enregistrer les contractions involontaires de son vagin. Méthode légèrement invasive, je veux bien l'admettre. Donc je la boucle.

Est-ce que les fourmis se masturbent ? Franchement, pourquoi pas ? Peut-être que, quand elles se frottent les mains, elles communiquent non seulement leur position géospatiale, mais aussi la position dans laquelle elles aimeraient qu'un mâle les prenne. D'ailleurs, où sont les mâles ? Seule la reine a le droit de prendre son pied ?

Il est maintenant évident que les autres fourmis s'astiquent. Elles n'ont que ça, les pauvres. Dans la chambre d'en face, pas de fourmi, mais deux participants sont installés sur le matelas au sol. Chose interdite dans le règlement, mais bon, on est plus à une violation près...

Je m'approche et constate qu'un seul des deux hommes se masturbe. L'autre a l'air d'être son conjoint. Il ne le touche pas (c'est interdit), mais lui murmure des choses à l'oreille. Comme un coach qui encourage sa star. Jules et Julien. Julien a les yeux clos, mais on sent qu'il écoute attentivement son Jules. Un couple amoureux. Sans gêne, je me penche pour écouter les mots qu'il lui susurre à l'oreille. Peut-être qu'en fermant les yeux je pourrai m'imaginer que Mehdi me les dit.

– Retiens-toi. Tu m'entends ?

Jules rappelle à Julien qu'il est à lui. Sa chose. Sa pute. Son jouet.

– C'est moi qui te dis quand tu vas jouir, il susurre.

Je devrais me lever et quitter la pièce. Intervenir. M'interposer. Protéger Julien contre ce connard abusif qui le traite comme son paillasson. Mais je sais pas. Ça me plaît. Les insultes sonnent comme des caresses. Mon corps aime le timbre de sa voix. Comme Julien, je lui obéis. Mon vagin s'alourdit. La dureté de ses mots entre en moi et me cloue sur place. Il faut que je sorte de cette pièce, mais mes jambes refusent de m'obéir.

Enfin, Julien jouit sur ordre de la voix autoritaire et toxique. La voix s'arrête momentanément. Enfin, je retrouve le contrôle de mon corps et sors toute chamboulée...

Je suis au bord de jouir. Je le sens. Jamais je n'ai été aussi près.

Mon Dieu, je suis tellement tordue.

Il faut que je voie un psy.

Même deux.

Chapitre 16

Mon frère se douche. Je le sais sans l'entendre. Autour de 23 h 30, il se glisse sous l'eau brûlante. Pas longtemps, juste le temps de se réchauffer. Sans ça, il n'arrive pas à s'endormir. Puis, il se faufile dans son lit et – pour s'interdire de le checker pendant la nuit – il met son téléphone en mode avion. Allongée dans mon lit, je tends l'oreille, hésite, mais lui envoie quand même un texto. Une seule barre s'affiche : il ne l'a pas reçu. C'est bon, il dort.

Moi non.

Je suis fière de moi, ça fait deux heures que je n'ai pas pensé à Mehdi. Eh merde. Vite, pense à autre chose. À quelqu'un. N'importe qui.

Mon esprit repense à Jules et Julien. Jules portait un beau vernis à ongles violet. Et Julien ? J'arrive plus à savoir. Sûrement rien. Peut-être même que ce sadique de Jules devait le forcer à se les ronger.

Petite pute. Quel connard, ce Jules. Alors pourquoi ce qu'il a dit m'excite autant ? Pourquoi cette scène tourne en boucle dans ma tête ? *Petite pute.* Je sens que ça s'agite en bas. J'ai honte. Il faut cesser. Surtout ne pas se toucher. Penser au théorème de Pythagore. Aux petits

Africains qui meurent de faim. À une guerre. N'importe laquelle. Toutes !

Ce soir, c'est différent, la voix grave s'introduit en moi. Elle se glisse dans mes intestins et se colle à ma peau, comme un tentacule. Infect. Irrépressible. Mon corps, cette salope, le quémande. Je suis une marionnette ouatée dans ses mains lourdes et osseuses, à la merci de sa voix qui me siffle. Et moi je rapplique comme une chienne. Bordel. 300 000 années d'évolution pour ça. C'est terrible. On construit des fusées (pas moi, mais les autres), mais en nous (moi) sommeille une petite femelle qui veut qu'un gros mâle la désire. Pas juste désirer. Je veux qu'il se serve. Qu'il m'écrase, me piétine de son désir à lui. Je suis son festin. Putain, mais quel enfer. J'ai failli aller à une manifestation sur la violence contre les femmes, l'an dernier. Ce n'est pas moi, cette petite créature qui veut être violentée. Est-ce que c'est dû à une éducation patriarcale et catholique ? Je suis conditionnée à vouloir me soumettre ? Comme un robot en mode automatique ? Ou ça remonte plus loin ? À une pulsion animale peut-être. La bête servile en moi se débat contre la féministe instruite et bien-pensante. Dans un combat à mort, qui gagne ? La bête ou la femme ? La bête, logiquement. Non. Je m'y refuse. Je dois juste mieux la contrôler. La réprimer.

Le bruit des allées et venues dans les couloirs de l'hôtel me rend folle. Mon cerveau, cet imbécile, croit, à chaque instant, que Mehdi va débarquer. Ce qu'il me faut, c'est une reprogrammation. Quand mon cœur pense Mehdi, bim, décharge électrique. Très vite, j'associerai son prénom avec douleur. Je soupire, remonte la couverture jusqu'à mon menton et ferme les yeux, mais Mehdi est toujours là. Il me dit qu'il m'aime. « Non ! » Je me pince très fort le bras : ce soir, il ne va pas me dire qu'il m'aime et qu'il veut être avec moi. Non. Out, ce scénario vu et revu (qui ne s'est jamais réalisé et qui ne se réalisera jamais). Ce soir, il me dit que je suis trop conne de l'aimer parce que, lui, il est passé à autre chose depuis des plombes. Il s'assoit sur le bord de mon lit et déclare qu'il me trouve répugnante. Mes joues sont trop grosses, mes hanches trop étroites, mes seins… ah ! Quels seins ? Et il n'a jamais osé me le dire avant, mais j'ai une petite moustache. Ce genre de truc le fait débander direct. S'il daignait coucher avec moi, ça serait dans le noir. J'éteins la lumière, obéissante. Et sur le ventre, m'ordonne-t-il. Je me retourne, donc. Il s'allonge sur moi et j'ai du mal à respirer sous son poids. Mais il s'en branle. Sa voix est dure, autoritaire. Comme celle de Jules, le copain de Julien. Mehdi répète les mêmes mots. Je suis sa chose : je n'existe que pour son plaisir personnel. Je sens que mon vagin se gonfle, qu'il prend de plus en plus de place entre mes jambes. Ça monte, mais je me retiens.

Tu n'as pas intérêt à jouir, me menace-t-il. En revanche, j'ai le droit de me toucher comme me l'a appris ma cousine. Mehdi accélère. J'ai mal tellement il va vite. Je me crispe et mon corps se tend. Enfin, il jouit. Puis, il me dit, de sa voix profonde et grave : à toi, maintenant. J'obéis.

Mon pubis implose, se convulse. À l'intérieur, je sens les contractions rapides, comme une petite bouche qui suffoque et cherche à reprendre sa respiration. Putain que c'est bon. Très vite, tout mon bas-ventre se crispe, saturé, m'ordonnant d'éloigner mes doigts, de ne plus rien toucher.

Je rallume la lumière et regarde mes doigts : ils sont fripés comme si j'avais passé des heures dans l'eau. Je pensais que l'orgasme était une vague qui aurait pris tout mon corps, mais c'est un rouleau compresseur. Ce n'est pas tendre, l'orgasme, c'est violent.

Ma deuxième pensée est pour Chantal. J'aimerais lui écrire pour m'excuser. Je lui ai fait croire que j'avais déjà joui, mais c'était faux. Je l'ai sûrement induite en erreur en lui donnant des conseils de merde. Toutes ces années, j'étais focalisée sur comment exciter mon corps, j'en ai oublié mon cerveau. C'est lui qu'il fallait exciter en fait. Un cerveau tordu et un peu dérangé. Pourquoi ma cousine Sabrina ne m'a pas dit qu'il fallait fantasmer pour jouir ? Je pensais que l'orgasme était mécanique. Comme saliver.

J'ai envie d'appeler ma mère, mon frère, la terre entière pour leur dire : j'ai réussi. Enfin ! Mais j'ai honte. Le moyen employé pour y parvenir est immoral. Antiféministe. Violent. Dégradant. Ça ne se partage pas – même pas sur les réseaux sociaux. Si un jour je suis agressée – ce que je ne me souhaite pas –, le juge me dira que je jouis en pensant à mon ex qui me force. Que je ne peux pas avoir été violée donc. Et je perdrai mon procès. Ma vie sera foutue. Je sombrerai dans la dépression. Note à moi-même, pour me protéger de ce destin sombre, pas de trace écrite.

Je suis détraquée, mais personne n'en saura rien. Jamais.

Est-ce que je suis la seule à réussir à jouir comme ça ? Quelques clics sur Internet (en navigation privée), je découvre que y'a pire que moi : certaines jouissent seulement si leurs partenaires les fouettent ou les étranglent. Ça me rassure. Beaucoup pensent à leur ex. Certaines alors qu'elles couchent avec leur mari.

Ça va. Tranquille. Je peux me masturber en paix.

On frappe à la porte. Une pensée fugace et irrationnelle me souffle, paniquée, que c'est la police. Ils savent à quoi je pense quand je me masturbe. « Loli ? » C'est mon frère. Il n'arrive pas à dormir.

Il entre et s'affale sur mon lit sans me demander mon avis. Je ne dis rien, espérant que mon silence va le chasser.

– Pourquoi tu voulais venir ici ? il me demande

Je sursaute, prise de court par la question. J'avais besoin de changer d'air, j'explique. De couper. Je ne supporte pas ce silence chargé. Est-ce qu'il sent que ça suinte la cyprine et l'orgasme ?

– C'est à cause de Mehdi ?

– Pourquoi tu dis ça ? je demande, prudente.

Mon cœur s'affole à l'idée qu'il insiste, je me sens comme un animal paniqué qui hésite entre se terrer ou attaquer. Je choisis, comme toujours, la passivité. Je ne moufte pas. On ne se regarde pas, on regarde le plafond.

– Faut que tu lui dises, me souffle Tomtom d'un ton neutre, que tu l'aimes bien.

Mille protestations se bousculent au bord de mes lèvres. N'importe quoi ! Je ne l'aime pas. C'est même pas vrai. Comment il sait ? Ça se voit tant que ça ?

Thomas, ce sadique, enfonce le clou. Il me dit que j'ai le droit de me confier à lui. Il n'est pas maman. C'est une tombe.

Pour moi, c'est donnant-donnant. Je contre-attaque donc sur son ex.

– Et Guillaume ?

Un silence. On entend des gens le faire avec enthousiasme dans la chambre au-dessus de nous.

– Si j'en parle, je pleure, murmure alors mon frère.

– Moi aussi, je réplique.

Une larme coule sur ma joue alors que je n'en parle même pas. Heureusement, c'est du côté qu'il ne peut pas voir.

La lumière s'éteint. C'est Thomas ? Non, c'est pas possible. Comment il aurait fait sans bouger ? L'hôtel doit connaître une panne de courant. Dans le noir, on se permet toujours plus de choses, alors mon frère continue. Il me connaît, m'explique-t-il. On vit ensemble. On bosse ensemble. Un mini-mur de merde sépare nos chambres. Jamais je n'ai découché. Jamais il ne m'a vue ni entendue avec un garçon. Ou une fille.

– Loli ?

Je ne dis rien parce que l'émotion m'étrangle. Je me sens humiliée. Tout le monde sait que je suis une pucelle. J'avais l'impression d'être invisible. Que j'étais cette petite souris habile qui échappait au regard des autres. En fait, je suis un éléphant vierge que tout le monde voit. La morve me prend le nez : je renifle bruyamment.

– Tu sais comment j'ai perdu ma virginité ? me demande Tomtom, qui a pitié de moi.

Je secoue la tête dans le noir. Il m'entend quand même.

Il avait 19 ans, il me dit. Tous ses potes l'avaient fait sauf lui. Il se sentait comme une merde. À l'époque, il se doutait qu'il préférait les garçons, mais l'idée de se faire enculer le terrorisait. Alors il est allé à un club échangiste. Il s'est dit qu'il allait trouver une meuf et le faire. Puis essayer avec un garçon. C'était son plan. Mais quand il a débarqué, il a halluciné. La moyenne d'âge était autour de 50 ans. Un couple de vieux l'a approché et la femme, autour de 60 ans, a commencé à l'embrasser. Il n'a pas osé la repousser. Qu'est-ce qu'il aurait pu dire ? Nan, désolé, vous êtes vieille et fripée ? Cela aurait été malpoli. Il s'est dit qu'il ne banderait pas. Mais en fait si… C'est comme ça qu'il a perdu sa virginité. Avec une gentille vieille pendant que son mari lui titillait le trou du cul…

– Le pire dans tout ça, ajoute-t-il, c'est que j'ai joui.

Quand tout le monde a eu fini (je n'ose pas demander des détails, ça serait malvenu), Thomas s'est précipité au vestiaire pour récupérer ses affaires. Il ne voulait qu'une chose, se barrer. Il avait déjà préparé la version officielle de sa perte de virginité. Il dirait à ses potes qu'il l'avait perdue en vacances à l'UCPA avec une petite brune qui s'appelait Fiona.

Il était en train d'enfiler sa veste quand il a croisé le regard d'un couple. Les parents. Nos parents. Parmi tous les clubs échangistes de la région. Entre toutes les nuits. C'étaient bien eux. Nus et gênés. Mais surtout déçus. Du moins, notre père l'était. Pendant des années, Thomas s'est demandé pourquoi le daron avait l'air aussi déçu. Puis la réponse lui est venue un jour : il devait beaucoup fantasmer le genre de filles avec qui Thomas le faisait. Et dans le tableau de chasse que s'était imaginé leur père, une vieille partouzeuse de 60 ans (avec qui ses parents avaient sûrement couché) n'en faisait pas partie. Quand il est sorti de la boîte, Thomas a fait trois pas et s'est mis à vomir. Il s'est dit que plus jamais jamais il ne le referait de sa vie. Puis, des années plus tard, il a rencontré Guillaume. Il lui a redonné goût à tout.

Dans le noir, je sens qu'il tourne sa tête vers moi. Attendant ma réaction. Après une telle confession, il n'y a qu'une chose que je puisse dire.

– Je ne l'ai jamais fait, j'avoue péniblement.

Après un long silence, Tomtom grommelle que la lumière n'est toujours pas revenue. Et le couple d'en haut ne semble toujours pas rassasié.

– C'est un peu un hôtel de merde ici, ajoute-t-il.

– Grave. Tellement.

Le silence s'éternise. Je vacille, le sommeil me picote. Est-ce que je lui dis de partir ?

– Loli ?

– Oui ?

– Tu devrais le dire à Mehdi.

Lui dire quoi ? Que je l'aime ? Que je suis vierge ? Jamais.

Chapitre 17

– Je suis vierge.

C'est sorti comme ça. Entre les cacahuètes trop salées et le verre de vin trop froid. Il ne réagit pas. Alors je répète : je ne l'ai jamais fait. Enfin, Sylvain finit par maugréer que c'est pas bien grave, mais bon. Ça lui fout un peu la pression.

Sylvain sent le vieux transistor poussiéreux. Celui que mon grand-père gardait sur le rebord de la fenêtre, dans la cuisine. Tous les matins, il écoutait RTL. Sauf que mon papi était cool. Il savait porter les bretelles et les lunettes Aviator. Il se roulait ses cigarettes lui-même. Sylvain, lui, porte des bretelles uniquement parce que sa mère les lui a filées. Elle a dû lui dire que c'était un héritage, alors qu'au fond elle cherchait juste à vider sa cave. Elle devait culpabiliser à l'idée de s'en débarrasser, donc elle les a offertes à son fils. Il n'aurait qu'à les jeter, lui. Sauf qu'il les a gardées.

Le drame dans tout ça, c'est que les gens comme Sylvain se croient cools. Le pauvre est à contre-temps sans le savoir. Il essaye pourtant. Je le vois bien : il achète les bonnes marques, mais ça ne colle pas.

Je suis dure. Fais un effort, sois positive. Sylvain n'est pas moche (mais pas beau). Normal, quoi. Et c'est pour ça que je l'ai choisi. Lui, il est en mesure d'entendre mon secret.

Depuis que je lui ai dit que j'étais vierge (il y a deux minutes, donc), je sens sa panique. Il a compris le problème. Il va être le premier de quelqu'un pour toujours. On n'oublie pas la première fois.

Lui, dit-il, il a perdu sa virginité à 16 ans. En vacances. Avec une Suédoise. J'ai du mal à le croire.

– Elle a fait tout le travail.

Ça, je le crois, par contre.

Il fourre quelques cacahuètes dans sa bouche et annonce qu'il n'était pas prêt. Il aurait dû attendre. Comme moi.

Je me retiens de lui rire au nez. Il croit que je suis prête ? Que j'ai envie de le faire avec quelqu'un qui remonte ses lunettes en plissant le nez ? Qui porte une chemise mal ajustée et des bretelles de vieux ? Qui est tout keus avec déjà un petit ventre dodu ?

Non. Mais lui, au moins, il sera tendre. Les Sylvain sont conscients que, sur la pyramide sociale, ils sont tout en bas. Même si Sylvain pense qu'il mérite d'être plus haut parce qu'il est « gentil ». Ce qui m'agace énormément. Les Sylvain de ce monde se considèrent « gentils » parce qu'ils ne harcèlent pas les meufs dans le métro. Mais c'est parce qu'ils ont peur de finir en prison ! Mais je parie que si je fouille son historique Internet, il doit insulter les meufs sur jeuxvideos.com. Dans la vraie vie, Sylvain c'est le gars toujours partant pour aider ses copines à déménager. Il ne fera jamais le premier pas. Parce qu'il est, selon ses propres termes, respectueux.

Tout en espérant intérieurement que sa pote (appelons-la Bérangère) va le sucer en échange de ses services. Au fond, il bout. Pourquoi sa pote Bérangère se tape Romain alors que ce con n'est même pas venu l'aider une seule fois à vider son appart ? Quand on est gentil, on n'est pas récompensé, pense-t-il sûrement le soir, en retirant ses bretelles. Il ne comprendra jamais qu'il n'y a rien de gentil à faire une bonne action si on attend d'être sucé ou baisé en échange. Je parie même que Sylvain-le-gentil a une pote un peu moche qui s'appelle Cassandre, mais il ne veut pas d'elle parce qu'il pense qu'il mérite mieux. C'est méchant, je sais. Mais je ne fais pas croire que je suis une gentille, moi.

Selon moi, les *vrais* gentils, ce sont les mecs qui ont les moyens de maltraiter les femmes, mais qui ne le font pas. Par choix. Sylvain, lui, n'a pas le choix. Il n'a que moi. Ou des meufs moins bien. Comme sa pote Cassandre.

Qu'est-ce qu'il s'est dit en me voyant ? D'abord, il devait être soulagé que je sois venue. Beaucoup mettent des plans last minute. Puis, il a été sûrement rassuré en voyant que les photos de Bumble étaient fidèles à la réalité. Je ne suis ni plus vieille ni plus grosse que sur mon profil. Il a regardé mon métier et s'est dit qu'attachée commerciale est un métier lambda mais sympa (oui, j'ai menti). Il a dû s'inquiéter des horaires décalés qui incombent à ce genre de travail. Ça sera sûrement galère de se voir si on commence quelque chose.

À mon avis, Sylvain est le genre de personne qui voit les relations amoureuses de manière pragmatique. Réfléchie. Droit au but. Il a une liste dans sa tête (ou écrite quelque part dans un carnet A5 à petits carreaux). Je dois cocher pas mal de ses critères. Une fille de bonne famille (bon, ça, il n'en sait rien…), pas trop moche, pas trop grosse, qui veut une relation sérieuse. Sûrement deux ou trois enfants. Les pipes ne doivent pas être sur sa liste. Mais seulement parce qu'il n'ose pas l'écrire et l'assumer. En revanche, jouer aux jeux de société doit forcément y être. Il a une tête à aimer Seven Wonders.

Je lui demande s'il joue aux jeux de société.

– Pas trop. Je préfère les séries télé.

Ça m'étonne.

– Ah ouais ? Quelle série ?

Je me force à le relancer, mais je pense déjà à la prochaine étape. Quand il me la mettra.

– *GOT, Arcane, Rick et Morty*, tout ça, quoi…

Lui aussi commence à s'impatienter. Il n'a plus envie de répondre, il pense probablement à l'étape d'après. À comment il va faire pour me baiser sans me faire mal ? Ça l'angoisse un peu. En plus, il doit se dire qu'il va se taper tout le boulot. La vierge ne saura rien faire.

Le serveur nous propose de reprendre un verre, je dis non et demande l'addition.

Qu'est-ce que ça fait d'être mariée à un Sylvain ? C'est un gars sur qui on peut compter, je pense. D'ailleurs, il était à l'heure. En avance même.

– Je vais tout prendre, dit-il au serveur.

– Nan, nan, c'est bon. On fait moit-moit.

Ce n'est pas par souci d'égalité que j'insiste. C'est pour me protéger. Certains hommes ont tendance à croire que, lorsqu'ils payent un verre, la fille leur doit une baise.

Sans connaître exactement les tarifs des escorts, 6 euros la passe, c'est de la foutaise et la plus grande arnaque du siècle. Certaines filles ont plus de mal à dire non quand on leur offre un verre. Ma pote Axelle est comme ça. Elle se sent toujours obligée de coucher avec le gars qui va l'inviter à dîner. Il serait malpoli de ne pas le faire. Si vraiment le mec la dégoûte trop, elle fait croire qu'elle a ses règles et propose une pipe. C'est une vraie gentille, Axelle.

Quand chacun paye son verre, il y a moins d'attente. Je peux changer d'avis, partir sans l'embrasser, ni baiser ni me sentir coupable. Au pire, le gars se sentira frustré, mais il ne pourra s'en prendre qu'à lui-même. Il se dira : « Merde. J'aurais dû lui offrir ce verre. » S'il le lui avait offert, il aurait eu le droit de se plaindre auprès de ses potes. « C'est abusé ! La meuf s'est cassée alors qu'en plus je lui ai offert deux mojitos ! » La pute.

Où habite un Sylvain ? En banlieue ? Je le lui demande, il me confirme qu'il habite seul dans le 91. Il me demande, gêné :

– On va chez toi ?

– Non, j'habite chez mes parents.

Il marque un temps et insiste :

– Ils sont là ?

À ton avis ? Il croit que je vais répondre quoi ? Non, Sylvain, maintenant que j'y pense, ils sont en vacances, viens donc.

Je prends une profonde inspiration. Je sais pas pourquoi, mais j'ai déjà envie d'annuler. Mon cerveau me dit que même les gentils avec conditions sont des cons. Mais il ne faut pas que je m'écoute. C'est la peur qui parle. Je dois rester sur mon objectif: perdre cette putain de virginité.

Le trajet en RER est interminable. Un voyageur a oublié son sac et on se retrouve à attendre que le temps passe sur le quai. À débattre entre faut-il prendre un Uber ou le bus. À attendre passivement que le trafic reprenne. Je ne peux pas m'empêcher de me dire que, si je reste avec un Sylvain, ma vie entière ressemblerait à ça. Des conversations chiantes sur le quai d'une gare. Quand enfin le trafic reprend, sur le reste du trajet, il ne répond plus que par monosyllabes aux sujets de conversation que je me force à trouver. Après un temps, il me dit que le silence ne le dérange pas. J'abdique et me tais. On arrive quand chez lui, qu'on en finisse?

***

Ça ne rentre pas.

De toutes les hypothèses que je m'étais faites, parmi les centaines de scénarios que je me suis imaginés, jamais je me suis dit: sa bite ne pénétrera pas dans mon vagin. Normalement, ces choses-là sont faites pour ça. Mais il faut se rendre à l'évidence, mon vagin rejette sa bite. À la seconde où on est entrés dans sa chambre, mon corps s'est replié sur lui-même. Ma chatte s'est recroquevillée, inquiète, prête à fuir. Ce n'est pas la faute de Sylvain, mais celle de son pénis. C'est le plus moche que j'aie jamais vu. Rouge foncé maronnasse, rabougri, tristement tordu sur le côté, avec un petit air dépressif. Il paraît que les chiens sont à l'image de leur maître, les pénis semblent suivre le même principe.

Depuis des années, des grosses bites parfaites défilent sous mon nez et la caméra, forcément je me suis habituée à un certain standing. Je savais que celle d'un homme « normal » allait être plus petite. Cela ne me dérangeait pas. Au contraire ! Elle entrerait plus facilement, je m'étais dit. J'avais aussi lu sur Doctissimo que les mecs à grosse bite prennent moins de temps pour les préliminaires. Ils pensent peut-être que la vision de leur grosse verge suffit pour faire mouiller les nanas ? En tout cas, un mec avec un pénis moyen a la réputation de plus se bouger pour exciter sa partenaire (dans quelle mesure est-ce son travail, c'est un autre débat). Sa bite est moche, d'accord, mais au moins il va se bouger pour me faire mouiller, je n'aurai pas mal lorsqu'il me pénétrera. Au mieux, je jouis, au pire, je prends du plaisir.

– Tu ne t'épiles pas ?

Il peine à cacher sa déception.

Il veut quoi ? Aucun poil ? Je n'ai déjà pas de seins, alors si en plus j'ai pas de poils, il me restera rien. De toute manière, l'épilation intégrale l'aurait dégoûté. Mes poils repoussent systématiquement sous la peau et laissent sur leur passage des boutons rouges énormes avec du pus. Ce qui m'étonne le plus, c'est que Sylvain est épilé. Pas juste les poils pubiens. Les poils des couilles (comment ? Avec une crème dépilatoire ?). Son corps entier est tout lisse : c'est incroyable. Est-ce que ça lui fait des boutons rouges hypra douloureux quand ça repousse ? Je voudrais lui poser la question, mais je sens que c'est pas l'ambiance du plateau.

Qui doit commencer les préliminaires ? À qui l'honneur ? Je sens que c'est à moi, sinon il ne se passera rien. À la pipe !

Je me suis souvent imaginé sucer un mec. Même si je me doutais que la pratique allait être quelque chose d'autre, je me suis plus préparée à ce moment qu'à mon bac. Attention à bien rentrer les dents. À utiliser les mains aussi. Il s'avère que que je suis très douée. C'est comme si j'avais fait ça toute ma vie. Il se met à soupirer très fort et j'oublie que ce pénis est très laid et, peut-être parce que le gars est clairement un maniaque de l'hygiène, elle a bon goût. Franchement, j'aurais pu être une pute à pipes. Très vite, Sylvain se retrouve au bord de l'orgasme. Il se retire pour me pénétrer. Et il est très surpris.

– Mais… tu ne mouilles pas ?

Bah. Non.

– Désolée, je suis un peu stressée, je souffle.

Et puis pourquoi je mouillerais ? Sucer ne fait pas mouiller une meuf, voyons. Donner du plaisir, c'est sympa, c'est cool, c'est amusant même, mais ça ne m'en procure pas. J'aimerais qu'il utilise les mêmes mots que Jules. Qu'il m'agrippe à la gorge, qu'il me domine. Peut-être que ça m'exciterait. Mais je ne crois pas. Je crois que là, tout de suite, je veux des mots rassurants. Des « tu es belle » ou « tu te sens bien ? ».

À contre-cœur, il se lance avec autant d'enthousiasme que si sa mère lui avait demandé de vider le lave-vaisselle. Je vois bien que mes poils le dégoûtent. Il accélère le mouvement pour en finir au plus vite et enfonce l'index dans mon vagin. À sec, c'est franchement désagréable. Je crie, mais pas de plaisir. Clairement, il n'entend pas la différence. De toute manière, au bout de 30 secondes, il s'arrête, jugeant que c'est suffisant. Le travail est fait. En quoi ? Je ne mouille toujours pas. Peut-être confond-il sa propre salive avec ma mouille ? Il essaye de me pénétrer. Sans surprise, ça ne passe pas.

– Faudrait que tu te détendes.

Je n'y avais pas pensé, Sylvain, merci. Moi aussi, je suis pressée. Il est déjà 23 h 30. Le dernier train pour rentrer est à 00 h 15. Je me suis tapé toute la ligne de RER C pour perdre ma putain de virginité, alors tu n'es pas le seul à en vouloir à mon vagin. Ce n'est d'ailleurs pas la première fois qu'il me fait faux bond, ce con. Je me disperse et me rappelle que je n'ai pas acheté mon billet retour, le temps de prendre le ticket, d'être sûr qu'il n'y a personne… faut que je sois sur le quai à minuit au plus tard. On a marché 12 minutes du RER à chez lui. Rah, l'angoisse, je dois y aller. Je suggère à Sylvain de forcer un peu le passage. Il y va franco. Une fois. Deux fois. La troisième fois, il se met à débander. Il regarde son pénis qui bat en retraite et me demande si j'ai un problème de frigidité. Je réponds non en me défendant comme je peux. Je lui assure que je me masturbe régulièrement (pourquoi je me sens obligée de faire de la surenchère comme ça ?), mais en vérité sa question me perturbe. Est-ce que je le suis ? Est-ce si anormal que ça qu'une fille puisse ne pas être excitée face à un corps masculin sans poils, sans muscles, avec une petite bedaine posée sur un pénis de taille moyenne, rougeâtre, atrocement vilain ?

Je lui dis que j'ai un peu froid et commence à ramasser mes vêtements. Un petit chandail traîne au pied de son lit. Il portait ça pendant qu'on prenait un verre ? Je ne m'en souviens pas. Ma cervelle s'est déjà mise à l'ouvrage pour me retirer de ma mémoire cette soirée horrible.

Sylvain se lève à son tour, ramasse son chandail, le plie avec le plus grand soin tout en annonçant qu'on devrait remettre ça un autre jour.

Je dis oui. Mais là faut vraiment que je chope le dernier train.

Sur le chemin du retour, dans le RER, je constate qu'il m'a déjà bloquée sur Bumble.

Je le comprends. Je me serais fait pareil.

Chapitre 18

Est-ce que je suis toujours vierge ? À combien de centimètres de profondeur le pénis doit-il entrer pour que ça compte ? Le gland, ça suffit ? Et pour les mecs, quand est-ce qu'ils ne sont plus puceaux ? Quand ils ont joui dans la capote ?

On va dire que, officiellement, je ne suis plus pucelle. J'ai perdu ma virginité avec Sylvain ce soir. Techniquement hier, même, puisqu'il est 1 heure du matin. Je me retourne dans mon lit sans comprendre pourquoi je ne dors pas. J'ai pourtant accompli mon objectif de vie il y a une heure.

Alors pourquoi j'ai l'impression d'être encore vierge ? Bizarre.

Maintenant que je suis une adulte, je dois me (re)prendre en main. Et ça commence par ma chambre. La ranger. La décorer. Fini la déco Airbnb organisée autour des tournages de mon frère.

Qu'est-ce que c'est ?

Oh, tiens, le godemiché de mes parents. Celui qu'ils m'ont filé y'a 10 ans. Non, 11 ans. Je l'avais complètement zappé. Il était dans une boîte à chaussures. À cohabiter tout ce temps avec mes espadrilles et mes Bensimon. La vache. Il pue la poussière. Et le plastique. Est-ce que ça se périme, un godemiché ? Est-ce que, comme les yaourts, y'a une date de péremption ? Au-delà, si on en mange, on risque de tomber malade. Idem avec les godemichés. Si on joue avec alors que la date est passée, on chope une mycose ou une infection.

Onze ans déjà… il a bien tenu, l'animal. En tout cas, il est plus beau que celui de Sylvain. Par contre, dommage de faire une bite aussi réaliste – il y a même des veines – et de n'avoir pas réfléchi à la manière d'atténuer cette odeur de plastoc. Ça donne pas envie. Les concepteurs auraient pu faire un effort et mettre une senteur pour masquer l'odeur. Pas du Chanel non plus. Quelque chose de naturel. Des arômes comme « peau d'homme » ou « bite chaude ». Ce type de senteur doit forcément exister. Tout existe déjà. C'est l'avantage du monde capitaliste. Et d'Amazon. Tiens, je regarde tout de suite sur Google, en 2 secondes je vais trouver.

Ah non. Bon, bah, je viens d'inventer un truc. Je vais me reconvertir et devenir nez de bites. Chaque godemiché aura son propre parfum de bite. Un mélange de savon, d'odeur de peau humaine (à définir avec un légiste ce que c'est) et de sécrétions. Pour plus de réalisme, il faudrait une petite odeur discrète de pisse (mais pas trop), l'authenticité fait vendre.

Je me demande quelle odeur a celle de Mehdi. Vu comment il ne supporte pas d'avoir de la saleté sous les ongles, je suis sûre que son pénis doit être impeccable. D'ailleurs, si ça se trouve, il est circoncis.

Certaines choses de la vie, on sait qu'on les aime avant même de les avoir essayées. Les fraises. Les Tic-Tac. Les écharpes tubes. Par contre, si Mehdi en a une de la même taille que le godemiché, c'est chaud. Elle est grosse, quand même. La capote taille normale risque d'être trop petite...

C'est Sylvain qui s'est chargé de mettre le préservatif. J'aurais aimé le faire moi, histoire de m'entraîner. Il doit bien me rester quelques capotes goût fraise dans un fond de tiroir. Voilà. Elles ont l'air périmées, mais je ne cours pas un gros risque. Je prends la pilule pour l'acné.

La capote étant un peu glissante, je coince le gode entre mes cuisses, pour lui enfiler le préservatif. C'est bizarre, cette sensation, j'ai l'impression de lui mettre un chapeau. C'est comme jouer à la Barbie finalement. Dans les comédies romantiques, on coupe l'étape du préservatif au montage. Y'a peut-être un plan rapide sur un emballage de capote, pour monter au spectateur qu'on en utilise bien une (histoire d'être responsable), mais on ne s'attarde pas sur ce passage. On passe directement au moment où ils font l'amour. Toujours, la femme jouit en 2 secondes. Mais la production n'a pas trop le choix. Plus, on se fait chier. Les spectateurs attrapent déjà leur télécommande, prêts à zapper.

Finalement, il n'est pas si gros, ce gode. Maintenant que j'arrive à me mettre des tampons, je pourrais peut-être faire entrer la tête. Qui sait ? Peut-être que je vais jouir sur le coup ? L'idée m'excite. Je le positionne entre mes cuisses.

Voilà. Comme ça. Putain, non. Putain, j'ai hypra mal. Il m'a déchirée, ce con ! C'est quoi, tout ce sang ?

Le sang a une odeur de clou rouillé. Les draps de ma mère sont foutus. Il restera *ad vitam aeternam* une petite trace marronnasse. La preuve incontestable que Sylvain et son gland n'ont pas été efficaces. Que mes 3 ans d'équitation n'ont servi à rien. Si ma mère m'interroge sur l'état du drap, je dirai que c'étaient mes règles. C'est dommage, si j'avais su que j'avais encore mon hymen, j'aurai mis la culotte de mes premières règles. Cette culotte était déjà foutue. La boucle aurait été bouclée. On est quel jour ? Le 11 février 2024. Voilà. Aujourd'hui, j'ai touché le fond. Vraiment. Perdre sa virginité toute seule avec le godemiché de ses parents doit être le rite de passage le plus embarrassant au monde. L'avantage, maintenant, je ne suis vraiment plus vierge, si je le fais avec Mehdi (ou un autre), il ne saura jamais qu'il est le premier. Je peux effacer de ma mémoire Sylvain. Il ne sera pas celui avec qui j'ai perdu ma virginité, mais juste le connard à bretelles.

Quand même. Aujourd'hui ne peut pas être le jour où j'ai perdu mon pucelage avec le godemiché offert par mes parents. Non. Ce n'est pas possible. Il doit se passer quelque chose d'autre aujourd'hui. Quelque chose de plus marquant. Qui surpassera cette perte accidentelle.

Je sais. Aujourd'hui va être le jour où je le fais avec Mehdi. M'en fous s'il sort avec quelqu'un d'autre. Si on baise qu'une fois et que ça s'arrête là. Le 11 février 2024 doit être le jour où je le fais pour la première fois avec l'homme qui m'obsède depuis 11 ans (et en deuxième plan, ça sera celui où j'ai perdu mon hymen – mais pas besoin d'entrer dans les détails). Où est mon téléphone ?

Moi : Tu fais quoi ?
Lui : Rien.
Moi : T'es chez toi ?
Lui : Oui.
Moi : seul ?
Lui : Oui.
Moi : J'arrive.
Lui : OK.

Je mets quoi pour ce jour historique ? Quelque chose de neutre. Noir. Pour éviter les mauvaises surprises. Au cas où je me découvre un deuxième hymen. Je dévale les escaliers avec le cœur qui s'agite dans ma poitrine. Merde, il me faut du déo ! Je remonte. Redescends. Merde. Mon portable. Je remonte. Redescends.

– Tu vas où, ma puce ?

Merde. Maman. Je ne l'avais pas vue dans le canapé. Pourquoi elle n'allume pas la lumière aussi ?

– Maman, tu m'as fait flipper. Je sors.
– Avec qui ?
– Une pote. Jessi. Ca.
– Jessica ?
– Oui.
– Tu rentres vers quelle heure ?
– Maman… j'ai 25 ans…

Et je ne suis plus vierge, merde !

– Pardon. C'est juste que tu ne sors jamais, remarque ma mère.

– Ben si. Tu connais pas toute ma vie.

– Ben si. Tu vis chez moi.

Tant mieux, ajoute-elle sans enthousiasme, il faut que je profite tant que je suis jeune.

Je ne réponds que par des « mmm » pour éviter de relancer la conversation. Où sont mes clefs ?

– Ton père et moi, on sortait beaucoup avant, m'annonce ma mère d'une voix traînante.

Je réponds par un « Ah ? » désintéressé. J'étais sûre qu'elles étaient dans mon manteau. Elles sont où, putain ?

– Maintenant il veut plus rien faire…

– Ça va revenir, maman.

Est-ce que je prends une capote ? Au cas où. Pas celle à moitié périmée par contre.

– En un an, tu sais combien on l'a fait, Loli ? Une seule fois. Pour mon anniversaire. C'est moche, hein ?

Elle ment. Ce n'est pas possible. Mes parents ne pensent qu'à ça. Ils ne vivent que pour ça. Ils s'aiment. Je ne la crois pas. Je m'approche un peu d'elle, persuadée qu'elle va ricaner en me disant qu'elle m'a bien eue. Mais non, elle fixe la télé éteinte et me dit :

– Tu sais à quel point c'est horrible de désirer quelqu'un qui ne veut pas de toi ? C'est encore pire quand on l'aime.

J'aperçois une petite larme solitaire couler sur sa joue. La dernière fois que ma mère a pleuré, c'était… je ne sais pas en fait.

– Il me dit : « Va te taper d'autres mecs ! Je m'en fous ! T'es libre. » Mais moi, je veux ton père. C'est lui que j'aime. Personne d'autre.

Je m'assois à côté d'elle en soupirant. Elle garde les yeux rivés sur la télé éteinte. Alors, je lui prends la main et la serre. Pas de câlin, pas de bisous dégoulinants, juste nos mains. Ma mère renifle et m'informe qu'elle a emprunté mes clefs pour acheter du pain. Elles sont dans son sac si je veux sortir.

– C'est pas grave. On s'en fout, maman.

À mon tour, je fixe la télé éteinte. Dans le reflet noir, j'entraperçois nos deux visages.

– Et ta copine Jessica, ma puce ?

– Elle s'en remettra.

Lui : t où ?

Aujourd'hui, le 11 février 2024, entrera dans mon histoire comme un jour unique. C'est celui où j'ai failli le faire avec Mehdi, mais en fin de compte j'ai perdu ma virginité seule. Je l'ai perdue entre moi et moi-même. Libre. Elle n'a pas été donnée à un bouffon à bretelles, ni à l'homme que j'aime. Pour toujours, ce dépucelage n'appartiendra qu'à moi.

Chapitre 19

– Pourquoi on n'est pas payés pareil ?

Marc tient la feuille de paye de Léa et me la montre – comme si je n'étais pas au courant. Ils sont tous les deux payés une misère. Le problème n'est pas là. Ce qui choque Marc, c'est que Léa soit payée plus que lui.

– C'est une femme, je réplique en prenant un air enjoué.

D'un ton patient, je lui explique que, dans l'industrie pornographique, les femmes sont payées trois fois plus que les hommes.

– Et Rocco ?

Rocco Siffredi est une exception. Je me retiens de lui balancer ce que je pense : s'il n'est pas content, il n'a qu'à bosser autre part. Partout ailleurs, les femmes sont payées moins que les hommes pour le même taf.

– Pour une fois qu'il y a un métier où les femmes gagnent plus ! je m'exclame.

Léa glousse ! Ça ne fait pas du tout rire Marc. Il part dans un discours aberrant sur le fait que, si les femmes veulent l'égalité, il faudrait aussi qu'elles l'accordent aux autres.

Qu'est-ce que je peux lui dire sans le froisser ni le claquer ? Léa est mieux payée que toi, Marc, parce que quand les hétéros de ton genre regardent du porno, ce n'est pas sur toi que l'on se masturbe, mais sur elle. Personne ne veut voir ta gueule de demeuré, ni tes cuisses poilues. D'ailleurs, moins on te voit à l'écran, mieux c'est. Car les autres hommes s'imagineront plus facilement être à ta place. Quant aux femmes, tant que le mec n'est pas trop moche...

Mais ça, Marc ne le comprend pas. Voyant que ça coince, Léa, conciliante, propose de baisser son salaire. Ça l'apaise. Il consent à signer, arguant que c'est une question de principe. Je me demande, si les rôles avaient été inversés, est-ce qu'il aurait proposé la même chose à Léa ? Certainement pas. Personne ne le fait. Quand on est habitué à avoir la plus grosse part de gâteau, on ne veut pas la partager sans aucune contrepartie, ni rien en échange.

Pendant ce temps, Thomas installe un tapis Twister au milieu du salon. Il explique le scénario – personne ne l'a lu, même si tout le monde prétend le contraire. « Marc » et « Léa » jouent en famille, avec les parents. Les acteurs qui jouent les parents de Marc et Léa, deux amateurs de 40 ans, hochent la tête. Pour eux, c'est inespéré d'apparaître dans un porno « officiel ». Ils ont payé plus cher les tests HIV qu'ils n'ont été payés par nous. Puis, continue Tomtom, papa et maman vont se coucher, Marc et Léa continuent à jouer juste tous les deux. Il a du mal à finir ses phrases parce que Marc ne fait que le couper pour lui poser des questions.

– Voilà, conclut Thomas qui a perdu son fil. Donc. Le frère et la sœur jouent. Ils rigolent bien, ils sont dans des positions incongrues. Leur pyjama est un peu trop grand, pas de sous-vêtements, etc., et puis ça dérape. Vous vous embrassez, léchez, baisez et tout le tralala. Tout le monde a compris ? Très bien, on passe au maquillage.

La maquilleuse, aka ma mère, faute de budget, s'active à cacher les boutons rouges sur les fesses de Léa. La HD ne pardonne pas. Heureusement qu'on n'a pas les moyens de tourner en 4K.

– Vous jouiez à Twister avec Thomas quand vous étiez plus jeunes ? me demande Léa.

– Non, répond ma mère à ma place, ils jouaient aux Playmobil.

– Léa, je te présente ma mère.

La surprise passée, j'explique que l'idée de la scène du Twister est un hommage à la série *Friends* que Thomas adore. Et à la réalisatrice Ovidie, que Thomas adule et qui a aussi recréé la scène.

Léa se met alors à interroger ma mère sur mon frère et moi. Depuis que l'actrice pense que je suis amoureuse de mon frère, elle s'intéresse à moi à l'instar de ceux qui sont fascinés par les tueurs en série. Avec prudence et dégoût. Mais plus ma mère parle, plus Léa est déçue de ne pas découvrir une mère psychopathe. En tout cas, jamais personne ne s'est autant intéressé à moi. Même mes dates Tinder ne m'ont pas posé autant de questions sur mon enfance. Léa me demande si je veux des enfants, si je compte me marier. Et ma mère répond à ma place que « bien sûr que oui ». Sa réponse rapide désarçonne Léa. Son visage scrute le mien, puis celui de ma mère.

Elle cherche à savoir si ma mère « sait ». Je pourrais lui dire la vérité maintenant : je ne baise pas mon frère, gay qui plus est. Je l'aime normalement. Mais je sens que si je m'engage là-dedans, je vais devoir argumenter, être convaincante, et en fin de compte n'être même pas sûre qu'elle me croie.

Voyant qu'elle ne tirera rien de moi, Léa continue avec ma mère, qui lui semble clairement plus loquace. Très vite, elles se mettent à parler de leur routine sexuelle en se lamentant sur les problèmes que posent les relations longues. Léa soupire : s'ils arrivent à le faire une fois par semaine, c'est déjà très bien. Ma mère s'écrie que c'est carrément utopique après 30 ans de couple (le sien). Elle se lamente. C'est inéluctable : la vie sexuelle finit par disparaître. Même si on s'habille « sexy ». Même si on est en couple libre. Même si on s'aime.

Je n'ose pas intervenir, mais j'aimerais leur demander comment on fait alors.

Clément le percheman, qui a toujours l'oreille qui traîne, s'immisce dans la conversation. C'est quoi le problème de le faire une fois par mois ? Y'a pas que le cul dans la vie. Franchement, entre son aîné qui fait toujours pas ses nuits et la dernière qui a des poussées dentaires, dormir, c'est ça le fantasme absolu. Tout le monde se gausse. J'aimerais interjecter et rappeler que ceux qui le font moins, ce sont les célibataires. Contrairement à eux, nous, on n'a personne à portée de main. Le temps de discuter sur Tinder, de caler un date, de checker qu'on s'entend bien. De le faire une fois. Que la bite reste coincée. Game over. On recommence tout depuis le début.

Thomas met fin au débat pour demander à tout le monde de se mettre en place.

La scène du Twister est réussie. J'y crois. Mon vagin aussi : il pense que c'est sincère. Ce n'est pas une actrice qui souffle, s'emmerde et remet du lubrifiant toutes les 5 minutes. Je regarde un couple qui s'aime sincèrement, qui fait l'amour comme il le ferait chez eux.

– Mets ta jambe sur le côté, Marc, je vois pas la péné, là.

– Comme ça ?

– Yes, c'est bon.

Au bout de quelques minutes, Thomas, satisfait, annonce qu'ils ont les plans larges et serrés. Marc, bon élève, demande où est-ce qu'il doit jouir ? Les fesses, le visage, le dos ?

Thomas hausse les épaules. Il a l'habitude de gicler où ? Léa répond à sa place.

– Sur le ventre, ça en fout moins partout.

– OK, c'est parti.

La prise n'est pas bonne. Marc a joui au mauvais moment. Sa main était sur son gland, le sperme a été enfermé dans sa paume, il faut tout refaire.

Pendant qu'il se recentre, Léa, qui semble s'ennuyer vite, repère un autre jouet sur le balcon. Un ballon géant surmonté d'un dildo. Amusée, elle ouvre la porte-fenêtre, s'en empare, le chevauche (avec une facilité déconcertante, je trouve) et commence à sautiller de joie sur l'engin. Je regarde nerveusement les bâtiments d'en face, de l'autre côté de la rue.

– Léa, est-ce que tu peux faire ça à l'intérieur plutôt ?

– Oui, bien sûr.

Trop tard. Au même moment, la voisine décide d'arroser ses plantes. La vieille de 75 ans regarde Léa, le ballon et ses pétunias et rentre.

Meeerde. La vieille va se plaindre, appeler les voisins, leur demander une (ou des) explication et ça va retomber sur Mehdi. J'angoisse à l'idée qu'il se retrouve dans la merde à cause de moi. J'hésite à l'appeler tout de suite. Et s'il ne me répond pas ? Trois, quatre sonneries, la prochaine, c'est le répondeur. Je réfléchis au message vocal que je vais lui laisser, mais une angoisse pire m'agrippe. Et si Mehdi a vu que je l'appelle et ne veut pas répondre ?

– Allo, Loli ?

Sa voix me fait trembler. Je le briefe, lui décris la voisine (brune, pantalon à pinces, rouge à lèvres trop rouge...), comme si cela allait changer quelque chose. Mais Mehdi n'a pas l'air inquiet. Il me demande comment ça va. Ça me désarçonne.

– Bien. Et toi ?

Mais il insiste. De quoi il parle ?

– Je t'ai vu avec un mec. Dans le RER C.

– Ah, lui. Lui, c'est le connard à bretelles. Le pire sexe de ma vie.

– Ah, merde.

Mais je l'entends rire.

– Et toi ?

– Moi ?

– Je crois que je t'ai vu y'a quelques semaines dans une brasserie. Avec une fille. Jolie.

Mehdi fait un « tsss » avec sa bouche.

– Vanessa ? C'est un truc Tinder, ça.

D'accord, mais elle a quand même un prénom.

– J'espère que le sexe était mieux ?

Je regrette aussitôt d'avoir demandé ça. J'ai l'impression d'être ma mère, de m'immiscer là où ça ne me regarde pas. Je n'ai pas envie de savoir.

Si. J'ai envie. Mehdi raconte qu'il avait écrit sur son profil Tinder qu'il ne recherchait rien de sérieux. Sa description, c'était la photo d'une aubergine et d'une pêche. Alors, elle lui a écrit pour l'engueuler. Ça se fait pas d'écrire ça sur son profil. C'est un truc de gros lourd. Mehdi, ça l'a amusé. Il a aimé son coup de gueule, son air assuré. Ils se sont vus. Mais le sexe n'est pas dingue, m'a-t-il confié. Et ils ne partagent pas grand-chose.

Son côté bravache va finir par le saouler, je pense. Et il passera à la suivante. Mais il va finir par en trouver une avec qui ça colle. Tout est une histoire de statistiques et de temps. Et le temps joue contre moi depuis des années. Je m'apprête à raccrocher pour aller chialer en secret, mais Mehdi me propose de venir à une soirée. Chez Clarisse, de 3ᵉ B.

– Il y aura plein de mecs sympas.

Est-ce qu'il sait à quel point ça me fait mal quand il dit ça ? J'ai l'impression que je suis là pour lui rebooster son ego. Lui rappeler que c'est lui le plus sympa et le plus beau. Je ne suis pas un paillasson, merde !

J'accepte de venir. Mais pas seule. Avec mon frère.

Derrière moi, je sens que Léa est là et m'écoute depuis quelques minutes. Elle me lance un regard torve qui veut dire : « Et ton frère alors ? » Elle pense que je le trompe avec Mehdi. Et elle désapprouve. L'inceste, c'est limite, mais ça passe. Par contre, tromper, non !

Chapitre 20

– T'as bonne mine, me fait remarquer Clarisse en ouvrant la porte de chez ses parents.

Normal, je me masturbe 7 fois par jour. J'ai les doigts fripés comme si je passais des heures dans le bain. Une petite ampoule s'est installée sur mon index. Ma peau est encore fragile, mais bientôt ça sera de la corne.

Je scanne le salon de Clarisse à la recherche de Mehdi. Mais il n'est pas encore arrivé. Je m'attarde sur les autres. Déçue, je tends une quiche à Clarisse. Je sais qu'elle va en garder la majeure partie pour elle. Il n'y a jamais rien à manger chez ses parents. À l'époque, on traînait chez elle après les cours, le frigo était toujours dégarni. Il y avait quelques pots vides de cornichons (la marque cheapasse qui donne des cornichons tout mous). Sans surprise, Clarisse était très mince à l'époque. Quand elle venait chez moi, elle piquait en cachette la nourriture. Elle s'enfilait un paquet de sucre à elle toute seule. Juste un paquet, sans rien d'autre. Ma mère a fini par comprendre le problème et, quand Clarisse passait, il y avait toujours quelque chose pour elle. Mais manger correctement une fois par semaine n'a pas suffi à lui faire prendre du poids.

À 25 ans, elle est toujours très mince. Après le bac, elle a déménagé à Toulouse pour ses études, mais elle vient de récupérer l'appart de ses parents pour quelques jours et en profite. Ils sont en voyage et elle garde leur chien. La bestiole est aussi très maigre. Mais bon. C'est un lévrier. Heureusement pour les parents de Clarisse, ce chien ne doit pas manger grand-chose.

En quelques heures, la maison est pleine. On a tous apporté énormément de bouffe. Il n'y a probablement jamais eu autant de nourriture chez les parents de Clarisse. Nous sommes plus nombreux que je l'aurais cru. Tout le monde avait envie de voir ce qu'on est devenus. Les anciens laiderons veulent prouver qu'ils sont devenus beaux. Les beaux veulent prouver qu'ils le sont encore. Ça fait toujours bizarre de revoir les personnes avec qui on a passé des heures en cours, en perm, à la cantine, à se copier les uns sur les autres pendant les contrôles de maths. J'ai l'impression de revoir des collègues de bureau un peu cons. Est-ce que les gens cools sont restés cools ? Est-ce que les losers se sont transformés ? Dans l'ensemble, on s'est tous améliorés. Les femmes comme les hommes ont perdu leurs joues de bébé, certains ont une barbe, d'autres – pas de bol – ont une calvitie naissante. Ma hantise, c'est simple : que quelqu'un me dise salut et que je ne le reconnaisse pas.

– Salut, Loli.

– Salut, Olivier.

– Ah. Tu m'as reconnu.

Il a l'air déçu. Mais je sais pourquoi. Olivier a perdu 15 kilos depuis le collège. On l'appelait la petite paupiette. C'était le seul à finir son assiette à la cantine. Avec Clarisse. Mais Clarisse, c'était différent. Une fois, après que Clarisse s'était évanouie en cours, ma pote Mélissa et moi, on a appelé les services sociaux en numéro caché pour dénoncer ses parents. Des mois plus tard, j'ai appris que quelqu'un des services sociaux était passé et leur avait dit que leur fille était trop maigre. Ils se sont mis à lui filer la couenne du jambon qu'ils achetaient pour lui faire prendre du poids. Olivier, lui, ne supportait pas le gâchis, mais surtout il ne bougeait pas. Il ne faisait que bosser. C'était de loin le meilleur du lycée. Quand le prof lui rendait sa copie en annonçant à la ronde qu'il avait eu 20, Olivier souriait et ses yeux se plissaient de joie : ça les faisait disparaître. Mais si je me rappelle de lui, c'est à cause de Sophie. Elle était amoureuse de lui. C'était une fille énergique et grosse. Mais Olivier ne voulait pas d'elle parce que, justement, elle l'était. À l'époque, j'étais très choquée. Déjà que les gros prenaient cher à l'école, mais si, en plus, ils ne s'aiment pas entre eux…

– C'était bien, Berlin ?

Je me retourne vers Mehdi. Sa voix, à elle seule, a le pouvoir de contrôler mon corps et de me faire trembler les genoux. Ce séjour à l'étranger n'a vraiment servi à rien. Mehdi me fixe et dit :

– T'as bonne mine en tout cas.

Jouir est le *new* blush, c'est pour ça. Mais je ne m'en vante pas. À chaque fois que je jouis, je me dégoûte. Je suis toujours obligée de faire appel au même fantasme. Celui de Berlin. Je me sens sale de l'utiliser, mais c'est la seule façon de jouir. Les gentils scénarios en missionnaire, mon clitoris s'en fout. Il n'en veut pas.

Il faut que Mehdi m'insulte, qu'il jouisse, et après j'ai le droit de jouir. C'est la seule manière. Les autres ne marchent pas.

Mehdi me tend un verre de vodka-Coca : la boisson de nos 14 ans. Il a joué le jeu à fond et porte la tenue qu'il portait tout le temps à 14 ans. Je crois que c'est le tee-shirt fluo qu'il avait quand on s'est embrassés la première fois.

– Tu reconnais le tee-shirt ?

– Oui. Je portais quoi, moi ?

Mehdi répond sans hésiter. Un pantalon kaki cargo, un tee-shirt blanc oversize (qui appartenait à Thomas) et des baskets compensées. Mais il se souvient surtout de mes clefs, que je portais autour du cou comme un collier. Mon père m'avait forcée à les porter, je n'avais droit de les retirer sous aucun prétexte. Il ne supportait plus que je les perde tout le temps. J'avais tellement honte, les clefs faisaient un tintement quand je marchais dans les couloirs du collège.

– Ce connard de Raphaël poussait des meuglements sur mon passage.

Mehdi hoche la tête. Avant qu'on puisse se demander ce que Raphaël est devenu, une chanson du groupe BTS passe. Notre madeleine de Proust. On se met à danser en oubliant Raphael, les cours interminables, les notes de merde. Il ne reste plus que les barres, les trous dans l'emploi du temps, Mehdi. Je repère Axelle, qui me fixe. Il me faut quelques instants pour comprendre que ce n'est pas moi qu'elle regarde, mais

Mehdi. À l'époque, elle le kiffait déjà. Elle et Mélissa pouvaient en parler pendant des heures. Mais Axelle était trop moche pour oser l'aborder. Non, j'exagère, elle n'a jamais été moche. Elle avait un avantage parce qu'elle n'avait ni acné, ni appareil dentaire. Mais elle était collante. Elle riait trop fort. Elle en faisait trop. Elle voulait qu'on l'aime et ça se sentait trop. Moi aussi, j'étais comme ça. Mais, contrairement à Axelle, je mettais toute mon énergie à ne pas le montrer. À m'en foutre. Le soir, en rentrant des cours, je me lamentais : pourquoi personne ne s'intéresse à moi ? Je voyais que c'était de ma faute sans vraiment comprendre pourquoi. Un jour, j'ai compris. Je passais tout mon temps à me soucier de moi. Comment on me voyait, comment j'étais perçue. J'imaginais pendant des heures les réponses à des questions qu'on ne me posait pas : tu viens d'où ? Tu aimes quoi ? Il est trop beau, ton sac à dos, tu l'as acheté où ? Alors qu'en fait je ne posais aucune question à personne. Je ne m'intéressais à personne. J'étais égocentrique. Voilà pourquoi les gens s'en foutaient de moi. Je ne savais pas que le père de Fabien avait une sclérose en plaques. Que Célia souffrait d'anorexie et de boulimie. J'ai eu tellement honte en comprenant cela. Tout ce temps passé dans ma bulle à me demander (en mode désespéré, en pleurs, le soir dans mon lit) mais pourquoi personne ne vient me dire bonjour… alors que je ne disais bonjour à personne.

Allez ! Va parler aux gens.

Vodka-Coca. The Weeknd. Stromae. Encore une vodka. Un jus de fruits pour souffler. Un revival d'une partie de « cap ou pas cap ». Encore une vodka. Déjà 4 heures du matin. Mehdi et moi (et trois autres) regardons les étoiles, perchés sur le toit-terrasse des parents de Clarisse. Toit qu'on escaladait beaucoup à l'époque. Même les gens bourrés ne risquent pas de tomber. Je crois.

– C'est pas mal, ce ciel.

Forcément, il faut que quelqu'un casse le moment en commentant. Et c'est Axelle (la collante). Personne ne commente sur son commentaire, mais elle s'obstine. Elle demande si je suis toujours en contact avec Mélissa. Je réponds que non. Elle me demande si je sais pour sa tentative de suicide.

– Loli ?

Je réponds que non. Mehdi rebondit, choqué. Pourquoi elle a fait une TS ? Axelle hausse les épaules. Personne ne sait. Sans transition, elle demande alors à Mehdi ce qui s'est passé avec Natou. (Comment elle connaît son prénom ?) Pourquoi ça s'est terminé ? Mehdi, surpris par une question aussi directe, reste évasif. Ils sont toujours potes. C'est juste que... il n'a jamais été sûr. Il se disait qu'un jour il saurait. Mais il a fini par réaliser que ça ne marchait pas comme ça. On ne sait jamais. On n'est jamais sûr de rien. Quand elle a eu envie qu'ils emménagent ensemble par contre, il était sûr de ne pas vouloir.

Axelle pousse un « ohhhh » faussement triste. Moi je bloque. Je ne résiste pas et lui demande comment il se fait qu'il soit resté autant de temps avec quelqu'un dont il n'était pas amoureux ?! Mehdi soupire : c'est compliqué. Dans les livres, on aime quelqu'un ou on ne l'aime pas.

Dans la vraie vie, on aime des choses chez l'autre et pas d'autres. On se dit qu'il y a plus de trucs qu'on aime que de trucs qu'on n'aime pas. Tout le monde a ses défauts. S'il ne l'aimait pas du tout, il n'aurait jamais pu rester aussi longtemps avec elle.

Je ne comprends toujours pas, mais je me tais. Je ne pense pas que je pourrais rester avec quelqu'un que je n'aime pas. Tout simplement parce que, même si je dis oui, mon corps dira non pour moi (comme pour le connard à bretelles).

C'est l'alcool ou la présence d'Axelle qui fait ça, mais je finis par sortir :

– Moi, quand j'étais amoureuse de toi, j'étais sûre.

– Moi aussi, il répond.

Puis il ajoute qu'on était juste des gosses. Ce n'était pas vraiment une relation, c'était un fantasme. Mais je m'en fous parce qu'Axelle se lève et s'éclipse. Elle sent qu'elle est en trop. J'ai gagné. Mais pour combien de temps ? Comme d'hab, je ne vais pas transformer l'essai. Et Axelle va revenir à la charge.

– Si on couchait ensemble ce soir, Mehdi, on serait forcément déçus. Trop de pression, trop d'attente.

Trop peur.

– Trop de vodka, ajoute-t-il, je n'arriverais pas à bander. Comme le gars du tournage.

– Je ne pourrais jamais jouir, je commente.

– Moi non plus.

Un silence s'ensuit. Puis, Mehdi se penche vers moi et me demande si je connais le dicton de son pote Rémi.

– Non.

Il se colle presque contre mon visage et me souffle :
– Essayer, c'est le meilleur moyen de se planter.
C'est pas une phrase de Homer Simpson, ça ?

Dans le lit, j'entends Mehdi ronfler, enroulé dans ma couette, encore tout habillé. Comment il fait pour dormir avec une chaleur pareille ? Je me lève pour boire de l'eau en faisant gaffe à ne pas le réveiller. Personne n'a jamais dormi avec moi dans ce lit. Des gens (beaucoup) ont baisé dedans, mais dormi, jamais. C'est un cap. Maintenant, avec Mehdi, on dort ensemble, mais on ne baise pas. À ce rythme-là, on baisera dans 11 ans.

Je me tourne sur le côté avec une furieuse envie de me masturber, mais j'ai peur que ça le réveille. Et puis de quoi j'aurais l'air s'il se réveille ?

L'homme que j'aime est chez moi, dans mon lit, et on en fait rien. Si ça se trouve, il fait semblant de dormir. Si ça se trouve, il a aussi peur que moi. Peut-être que lui aussi est puceau et n'ose pas me le dire ! Avec ses ex, ils ne l'ont jamais fait parce qu'il est impuissant. Ça serait tellement cool qu'il ait un secret aussi énorme que ça.

C'est quoi, ce bruit ? Roh, putain, ça pue en plus. On est officiellement un vieux couple sans en être un.

Chapitre 21

Mehdi n'a aucune odeur corporelle. À l'instar des empreintes sur les doigts, tout le monde a une empreinte olfactive unique. On naît avec. On meurt avec. Et on ne la choisit pas. Mon père – pas de bol – sent la chips Vico alors qu'il n'en mange jamais. Ma mère dégage des effluves de rose. Mon frère sent la pelouse après la pluie. Moi, je sens la cire de bougie.

Les yeux clos, tout habillé, Mehdi roule sur le flanc gauche, me tournant le dos. J'en profite pour poser mon nez sur le drap tiède, encore imprégné de son corps. L'odeur des draps et de la lessive Le Chat. Des relents de la vodka qu'on a bue hier soir aussi. Mais rien à Mehdi ne s'est accroché au lit. Et si Mehdi n'était jamais venu chez moi ? Et si j'étais seule dans mon lit en train de renifler les draps comme un clébard ? Pour la première fois en 25 ans, je ne dors pas seule. Je n'ai jamais connu ça. Mon cerveau est peut-être incapable d'assimiler cette nouvelle information. Il ne croit pas à l'existence de Mehdi.

Je retire mon nez et retourne de mon côté du lit, redoutant le moment où il va se réveiller.

Je n'ose pas partir, j'ai peur qu'il se réveille et fouille ma chambre. Qu'il trouve des choses intimes. Comme mon journal intime Clairefontaine. Je sais plus où je l'ai rangé et ça me stresse. Je l'ai commencé à 10 ans. Arrêté au bout de 3 mois. Repris à 12 ans. Arrêté. Repris. Puis abandonné quelque part. Il n'y avait rien de vraiment personnel dessus – j'avais trop peur qu'on me lise. Aucune mention de Mehdi non plus. Je crois.

Ça y est. Je stresse. Je me lève et je me mets à chercher en essayant de ne pas le réveiller.

Il est adressé à moi dans le futur. À 10 ans, je pensais que j'allais être avocate, que je posséderais un van et que je ferais le tour du monde avec mon mec (gros lol). Je pensais aussi que j'aurais un gros cul et des gros seins (j'attendais la puberté avec impatience à l'époque). Je finis par trouver le carnet, caché entre deux tee-shirts. Une feuille s'en échappe. C'est la lettre de Mélissa qu'elle avait glissée sous ma porte à l'époque. Elle s'excuse de m'avoir trahie. Elle me supplie de lui pardonner. Elle n'aurait jamais dû balancer mon secret et celui de mes parents. Elle ne pensait pas que ça partirait en couilles comme ça. Elle aime Mehdi, mais elle m'aime plus. Elle me le donne. Ce qu'elle veut elle, c'est qu'on redevienne potes.

Jamais je ne lui ai répondu. Quelques jours après, j'ai appris qu'elle avait fait une tentative de suicide. Je n'ai jamais pris de ses nouvelles… j'ai rompu avec Mehdi, par contre. Je m'en souviens. C'était au lendemain de l'avoir appris.

J'ai peur que Mehdi ouvre mon tiroir et trouve mon godemiché. Qu'il devine que c'est celui que mes parents m'ont offert quand j'avais 14 ans et qu'il trouve ça glauque. Qu'il découvre que je ne le nettoie qu'une fois sur dix avec du savon parce que j'ai la flemme. J'ai peur qu'il se réveille et trouve que je pue de la bouche. J'ai peur qu'il ouvre les yeux et voie la déco de ma chambre à la lumière du jour. Il va penser que c'est craignos et ridicule. Les trucs d'adulte et de gosse se mélangent pêle-mêle. Ça fait 20 ans que l'affiche avec le pur-sang à la robe souris tient le choc du temps et du scotch. Il faut le retirer pour le remplacer par un poster d'une artiste cool comme Frida Kahlo. Ou au moins des couchers de soleil. Mais j'ai trop peur de mal choisir, alors je ne fais rien. Et l'angoisse monte. Chaque respiration de Mehdi me tend. Je ne veux pas qu'il se réveille. Je ne veux pas qu'il m'embrasse. Ni qu'on fasse l'amour. Je ne suis pas prête. Le matin, mes organes sont engourdis. J'ai la bouche râpeuse, le clitoris paresseux et les yeux gonflés. J'ai tellement envie de pisser en plus. J'aimerais me lever, aller aux toilettes et me brosser les dents. Mais il va sentir la menthe et saura que je me suis levée juste pour ça. Je vais passer pour la fille superficielle. L'écran de mon téléphone s'allume pour me signaler que j'ai une notification. Je le prends et vérifie, par automatisme, si Mehdi ne m'a pas envoyé de messages, avant de me rappeler qu'il dort juste à côté de moi.

En l'espace d'une nuit, on a chacun déjà pris nos petites habitudes. Lui, aime être enroulé dans la couette. Je préfère avoir les pieds hors de la couette. Il n'aime pas les oreillers et dort la tête calée entre les deux. De mon côté, j'aime être presque assise pour mieux respirer. Je dors les volets complètements fermés, le moindre rayon me réveille. Or, j'ai oublié de les fermer hier. Le choc de l'avoir dans mon lit, je suppose. Visiblement, lui, la lumière ne le gêne pas.

– Ça fait longtemps que t'es réveillée ? me demande Mehdi.

Dans le lit, Mehdi s'étire comme une panthère repue. *Cette soirée.*

Grave, je réponds en regardant le plafond. Mehdi, lui, se colle contre moi pour me raconter son rêve complètement dingue. Y'avait un tsunami. Il devait fuir. D'ailleurs, j'étais là. On a pris une voiture. Mais l'eau montait et nous rattrapait, alors on a balancé les autres (Olivier et Mélissa) comme des bâtards. Mais, en fin de compte, on s'est quand même fait choper par la vague géante.

Il a l'haleine très chargée. Ça me donne la nausée. Je veux tourner la tête pour ne pas le sentir. Mais si je fais ça, il va sentir que, moi aussi, je pue de la bouche. Donc, je souffre en silence.

– Pardon, je parle trop. Dis-moi de fermer ma gueule si t'es pas du matin.

– Ça va.

En vérité, ça me plaît, cette diarrhée verbale. C'est la preuve qu'il est nerveux. Et que donc je peux lui demander ce qui s'est passé hier soir. Je le sais déjà. Mais j'ai besoin d'entendre sa version des faits. Je fais genre que j'ai une gueule de bois de ouf et que je ne me rappelle pas tout. On n'a rien fait, hein ?

Non, me répond Mehdi. On s'est même pas embrassés. Je le fixe. Sa tête calée entre les deux oreillers, les cheveux en vrac sur son crâne. Ses grands yeux noirs. Mon corps émerge, s'ébroue. Je le veux. Putain.

Mais à la place on débriefe la soirée. Axelle qui l'a dragué. Olivier qui m'a draguée (je n'avais pas remarqué). Le côté très *Retour vers le futur* de revoir tous les gens de notre classe. Ceux qui se sont amochis. Ceux qui se sont embellis. Ceux qui n'ont pas bougé (comme moi).

– Tu parles dans ton sommeil, assure Mehdi.

J'ai dit quoi ? Que j'ai été dépucelée par un gode… ?

– J'ai dit quoi ?

– « Pas par là, Mélissa », annonce-t-il, hilare.

Je me force à rire. Mon réveil sonne. J'avais oublié de l'éteindre. Je m'étonne qu'il ne m'ait toujours pas demandé où sont les toilettes. Le mec a une vessie de chameau. Il peut boire toute la nuit, rien ne sort. Je lui indique quand même la salle de bain. Si ça se trouve, il se retient par peur. Il me remercie, mais ne se lève pas. Il s'étire encore une fois, prenant toute la place dans le lit. Son ventre gargouille. Je prends les devants.

– Tu veux manger quoi ?

– Ce que tu as. Je suis pas difficile.

Mehdi sort enfin du lit. Il cherche son jean, sa ceinture. Prend par erreur mon pull. Puis me le tend.

– Loli !? Tu petit-déjeunes ? Sinon je range tout, s'égosille ma mère de la cuisine.

Merde. Je ne bouge plus. Crispée. Personne n'est jamais resté pour le petit déjeuner. Même pas l'ex de Tomtom. Mais Mehdi, lui, n'a pas l'air nerveux.

– J'arrive dans 10 minutes ! je crie.

10 minutes, ça nous laisse le temps de décider s'il veut vraiment rester petit-déjeuner.

– Je range alors, réplique ma mère.

Qu'elle est chiante. Je me tourne vers Mehdi, tendue. Il veut faire quoi ?

– Manger.

– Ça te gêne pas, mes parents ?

– Non.

– T'as pas peur qu'ils te fassent chier ?

Moi, j'ai peur.

– Non. Ils vont pas nous demander si on a bien baisé.

Le pauvre. S'il savait.

Je n'ai jamais vu ma mère aussi terrorisée. Quand elle voit Mehdi débarquer à mon côté, elle se tourne vers mon père. Mais il est encore plus gêné qu'elle. Il grommelle un « salut » à peine audible et fait semblant d'être absorbé par un article sur les élections dans *Le Monde* sur son téléphone, comme si Mehdi avait l'habitude de petit-déjeuner avec nous, tous les matins depuis des années.

Les Chocapic croquent sous nos dents. Le bruit est amplifié par le silence religieux qui règne autour de la table. Mehdi finit par demander à ma mère si elle a bien dormi.

– Oui. Bien. Merci.

Je la vois qui s'apprête à demander si lui aussi, mais son visage s'empourpre et elle se tait. À la place, elle demande comment vont ses parents.

– Très bien, merci.

– J'ai pris rendez-vous avec ton père via Doctolib. Je crois que j'ai une carie. C'est bien, Doctolib, hein ?

Le malaise. Mais Mehdi a l'art d'arriver à parler de rien avec aisance. Il se plaint des gens qui décommandent toujours au dernier moment sur Doctolib, du coup c'est compliqué pour son père, qui se retrouve avec des trous. Mais, évidemment, il sait que ma mère ne va pas décommander à la dernière minute.

– Ah bah, certainement pas ! lui assure ma daronne.

– Tu zappes tout le temps les résa au resto…, marmonne mon père.

– Ça n'a rien à voir, assène ma mère.

La conversation autour des réservations et des clients pas fiables s'étire encore pendant 10 minutes. Suffisamment pour que j'aie le temps de finir mes céréales et que Mehdi – qui ne fait que parler – n'ait pas encore commencé. Ses Chocapic, déjà bien ramollis, flottent tristement dans son lait demi-écrémé quand il les entame. Je sais pas pourquoi, mais ça m'agace. Je ne veux pas qu'il reparte en se disant que, chez moi, on mange des céréales toutes molles et pas ouf. Ma mère s'en fout et continue à l'empêcher de manger :

– Tu es revenu vivre chez tes parents ?

– Oui, je me suis séparé de ma copine y'a deux mois. J'avais besoin d'être chouchouté.

Houlà, ça va déraper, je le sens. Elle va nous demander si on est ensemble. Il va dire que non. Elle va dire : « Bah, alors ? Pourquoi ? » Non, non, non. Paniquée, je déclare sans réfléchir :

– Mehdi va m'aider à trouver un appart.

Mon père cesse de faire semblant de lire *Le Monde* sur son tél. Mehdi – qui avait enfin commencé à manger – s'arrête. Ma mère me regarde avec des yeux ronds et, la voix enrouée, me lance :

– Tu déménages ?

Chapitre 22

Depuis que je vis seule, je compte tout.

Le nombre de minutes qu'il y a entre mon 17 m² et le RER C : 8 minutes. Le temps que ça prend pour aller chez les parents : 16 minutes. L'Internet : 30 euros et 99 centimes. Le prix des boîtes de pois chiches à Carrefour : 0,79 €. Le nombre de fois où je me suis masturbée depuis que j'ai emménagé : 0.

Je ne pensais pas que j'aurais l'appartement. J'étais persuadée que le propriétaire allait griller que si, à 25 ans, j'étais encore chez mes parents, quelque chose ne tournait pas rond chez moi. Il allait balancer ma candidature à la poubelle. Il aurait choisi une Delphine, qui venait d'obtenir son DCG en comptabilité. Mehdi, lui, a été beaucoup plus confiant. Ça fait 5 ans que je suis en CDI. Le studio est à plus de 5 minutes des transports en commun. Et y'a du carrelage au sol (moche en plus) – ce qui, contrairement au parquet massif, n'est pas très recherché. Au pire, mes parents pourront se porter garants.

Mais je ne voulais pas qu'ils m'aident. Pour qu'ils ne puissent pas me faire changer d'avis. Il n'aurait pas fallu grand-chose. Et puis tout s'est enchaîné très vite et j'ai dû leur annoncer que je déménageais la veille de mon départ. Pour ma défense, je croyais avoir plus de temps. Mais Mehdi a trop bien fait son travail, il m'a trouvé un studio en quelques jours seulement. Le contrat a été signé tout de suite.

Maintenant, il est temps de le dire aux parents. Je me suis assez dégonflée comme ça. Ou alors… ? Et si Mehdi ou Tomtom leur annonçait à ma place ? Et si j'envoyais un mail ? Un texto peut-être ? Ou juste rien. Un matin, ma mère vient dans ma chambre pour m'emprunter un soutien-gorge et ni mes affaires ni moi ne sommes là. L'idée me tenterait bien, mais je me dis qu'au travail cela causera un léger malaise.

Toutes les grosses nouvelles familiales sont annoncées dans notre cuisine, alors c'est ce que j'ai fait. Par chance, mon père y était déjà. Ça faisait 5 jours qu'il suivait un régime sans fibres pour sa coloscopie. Normalement, c'est 3 jours, mais, comme le fait souvent remarquer ma mère, il a un intestin paresseux. Quand mon père a appris qu'il avait le syndrome de Lynch, sa première réaction a été de savoir si Lynch s'écrivait comme le réalisateur. Parce qu'il a toujours bien aimé *Mulholland Drive*. Même s'il n'a jamais compris le film. Il a découvert cette maladie génétique par pur hasard. Un jour, aux toilettes, il était persuadé de saigner. Il s'est précipité à l'hôpital et on lui annoncé que c'était de la peau de tomate, pas du sang. Mais le médecin, consciencieux, avait repéré des polypes. Et, par acquit de conscience, il lui a fait passer le test génétique. Il s'avère donc que, grâce à la peau des tomates, mon père sait maintenant qu'il a à peu près 70 % de chances d'avoir un cancer du côlon. Depuis, tous les deux ans, il fait une coloscopie.

Quand le médecin a confirmé que Lynch s'écrivait comme Lynch le réalisateur, mon père a alors demandé combien de *chances* un fumeur avait de mourir d'un cancer du poumon.

– 30 %, a répondu le médecin.

Ça l'a cloué. Il avait deux fois plus de chances qu'un fumeur de crever.

Pendant des mois, à chaque fois qu'il croisait un fumeur, il avait envie de lui casser la gueule. Il trouvait cela tellement injuste. Puis, il s'est dit que cet électrochoc allait changer sa vie. Il allait se prendre en main, perdre 30 kilos, faire ce qu'il n'avait jamais osé faire avant – comme reprendre ses études (je n'ai jamais compris dans quoi), partir en voyage avec maman. Puis la rafale est retombée et s'est transformée en brise. On s'habitue à tout – même à mourir plus vite qu'un fumeur. Et puis, contrairement à beaucoup, lui, il sait comment il va probablement mourir. Il a l'impression d'avoir de l'avance sur les autres.

Le jour des résultats, mon père a aussi appris qu'il avait 50 % de chances de le filer à ses enfants. On s'est fait tester, mais on a rien. Je crois qu'il n'ose pas nous le dire, mais il est triste. Il aurait aimé qu'au moins Thomas l'ait. Qu'ils puissent se plaindre ensemble du produit dégueu, de leur chiasse, de leur peur de crever en pissant le sang du cul. Mais non, il est tout seul dans cette épreuve. Condamné à faire ses coloscopies en solitaire. Et moi, je choisis ce moment pour lui annoncer mon départ.

Donc. Je suis entrée dans la cuisine et je l'ai trouvé, souriant, penché au-dessus de l'évier. Tout fier, il s'est exclamé :

– Regarde, j'ai une nouvelle super-technique. Je me penche comme ça, je me pince le nez. Je bois à l'envers. On sent à peine le goût comme ça.

Mon père est capable d'avaler à peu près tout. Mais le produit pour nettoyer son colon, c'est autre chose. La tâche n'est pas simple : boire 6 litres d'un produit médicamenteux à cheval entre un truc trop sucré, trop salé, tout cela en quelques heures. Même si mon père est de bonne volonté, son estomac ne comprend pas pourquoi il passe du chocolat aux noisettes et surimi à ce truc infâme et préfère gerber que de coopérer. Une fois, le médecin l'a menacé : si son côlon n'est pas assez propre, ils ne verront rien et mon père devra tout refaire depuis le début. Le cauchemar. Depuis, mon père se force jusqu'à vomir du sang.

– Papa, j'ai annoncé, solennelle.

– Quoi ?

– J'ai trouvé un appart.

Il a vomi. Mais je pense que c'est le produit. Pas moi. Je crois.

– Où ça ?

– Pas loin. Près de l'Observatoire. Mehdi me l'a trouvé.

– Tu voulais pas vivre à Paris ?

Non. Je n'aime pas Paris. Trop de monde. Trop de choses à faire. Alors que, moi, je ne fais rien. L'autre raison, mais je ne l'assume pas, donc je ne la dis pas, je n'aime pas être loin de ma famille. Mon père a pris une gorgée (à l'endroit) et a assuré que je serais toujours la bienvenue. *Mi casa es su casa*. Si j'ai un problème, il garde ma chambre (même s'il va sûrement y mettre quelques trucs du bureau du coup). Il a conclu par un « je t'aime, ma puce ». Et s'est remis à vomir.

Cette coloscopie le rend de plus en plus sentimental.

– Tu veux que je le dise à maman ?

– Oui.

Oui, je suis lâche.

– Je le ferai juste avant l'anesthésie générale.

C'est de famille, la lâcheté.

– Ton frère sait ?

– Oui. Il va m'aider à déménager.

– Mehdi aussi ?

– Oui.

– Bien.

Le jour du déménagement, Mehdi m'a lâchée au bout d'une heure pour aller voir son date Tinder. Il ne restait que mon frère. Tout le reste de la journée, je me suis forcée à sourire, alors que je voulais juste pleurer. Je crois qu'il l'a senti : il m'a proposé de passer la soirée ensemble, mais j'ai refusé.

Une fois seule dans mon studio (plus petit que la chambre de mes parents), j'ai essayé de me raisonner :

on s'en fout de Mehdi. Ce mec est un fantasme. Au fond, je ne le connais pas. C'est qui, Mehdi ? Un mec mignon avec qui je suis sortie deux secondes à 14 ans. Un mec pas fiable qui m'a lâchée pour en baiser une autre. Sans lui, ma vie est mieux. Seule, elle peut enfin commencer.

Mais je me rends compte que je ne sais pas bien la vivre. Non seulement je ne baise pas, mais je n'ai aucun vice. Je ne fume pas (ça pue). Je ne bois pas beaucoup (plus d'un verre et je commence à sommeiller). Contrairement à beaucoup, l'alcool ne m'ouvre pas l'appétit sexuel, il l'alourdit. Le seul truc tordu que j'ai, ce sont des fantasmes glauques. Mais, même ça, je le garde pour la masturbation. Dans la vraie vie, se faire tirer les cheveux, ça fait très mal. Idem pour les claques. Je marque rapidement. J'ai encore le bleu de quand je me suis cognée sur le coin de la table y'a 10 jours.

Ma mère a accepté la nouvelle de mon départ avec sérénité, résignée. Comme le canapé du salon (un convertible) que j'étais censée récupérer ne rentrait pas dans le studio, elle m'a filé plusieurs matelas simples à empiler. Comme ça, m'a-t-elle-dit, tu pourras les étaler sur le sol et accueillir plusieurs copains.

Ce qui me gêne le plus dans le studio, ce sont les bruits. Je partage maintenant ma chambre avec le frigo, qui fait un barouf pas possible. L'évier goutte juste pour m'emmerder, alors qu'il est fermé à son max. La box du wifi clignote par intermittence. J'ai des rideaux mais pas de tringle. Ni de perceuse. La lumière du lampadaire de la rue éclaire mon studio toute la nuit. Je préférais la nuisance de mes parents avec le son de la télé qu'ils mettent beaucoup trop fort. Les bruits de la guitare mal accordée de mon frère, que j'entendais à travers la cloison de ma chambre. Ça et la pluie qui tombe sur mon velux m'aidaient à m'endormir. Je déteste ce studio. J'ai pris le premier appart que Mehdi m'a montré. Il m'a demandé si j'étais sûre. Je pouvais prendre le temps d'y réfléchir. Ça risquait d'être mon appart pour les prochaines années. En plus, le studio est un chouïa trop cher. J'ai dit que je le prenais. Il a alors négocié le prix à la baisse auprès du propriétaire. Le lendemain, j'avais un studio pour 50 euros de moins par mois.

Tout à l'heure, quand j'ai reçu ma confirmation d'inscription à EDF, la machine à angoisses s'est mise en marche. Et si je perds mon travail ? Ça voudrait dire que j'ai été virée par mes propres parents. Je ne pourrai pas retourner chez eux. Direction la rue, sous un pont. Je sais que c'est absurde, mais mon cerveau pense comme ça. Pour me désangoisser, je fais la liste des gens qui peuvent m'héberger si je me brouille avec mes parents. Mehdi, mais seulement quelques semaines. Olivier, puisque je lui plais. Sabrina ? Ma grand-mère ? Mais elle habite à Lille.

Jamais je ne pourrais être artiste. Comment font-ils ? Ceux qui n'ont pas de CDI. Pas droit au chômage ? Qui ne savent pas combien ils vont gagner dans 6 mois ou même trois.

Quand ma cousine Sabrina a emménagé dans un studio à La Courneuve, elle m'a dit : tu devrais essayer !

C'est la liberté ! Le week-end, elle rentrait chez ses parents et elle prêtait l'appart à ses copines. Elles ont toutes perdu leur pucelage chez Sabrina. À l'époque, j'ai envisagé de demander à un pote gay de mon frère s'il voulait bien avoir la gentillesse de m'aider à perdre ma virginité (j'étais vraiment désespérée).

Putain de moustique de merde. La lumière du lampadaire éclaire tout le studio et je ne le vois quand même pas. Il sait qu'il peut se balader en toute impunité le long des murs gris vieillots. Son manteau velu se confond avec la peinture. Cet appart, c'est son bon plan, ça doit faire des années qu'il (elle, parce que ce sont les femelles qui piquent, il paraît) et sa descendance ont pris racine. Ici, c'est leur domaine. Elle doit avoir eu 200 gosses depuis le temps. J'hésite à rentrer chez moi – chez les parents – pour emprunter de l'insecticide, mais ça serait la honte. Je ne peux quand même pas rentrer le premier soir. Non, je dois accepter mon sort et me laisser dévorer vivante. Elle m'a déjà piquée deux fois. C'est une affaire de deux-trois piqûres de plus et cette saloperie sera rassasiée et ira pondre dans la salle de bain. Qu'elle en profite. Demain, elle sera morte.

Le vrai problème, c'est Mehdi. Il est 2 heures du mat', mais je pense à lui. Je vois qu'il est connecté sur les réseaux. Je ne résiste pas et lui écris un tout petit message.

« Tu dors ? »

« Non. Je joue. »

« ? »

« Madden. Un jeu de football américain. »

« Donné ? » je demande, me doutant de la réponse : Mehdi n'achète jamais aucun jeu vidéo.

« Toujours. »

Je l'appelle et il décroche dès la première sonnerie.

– Tu m'as loué un appart avec un moustique dedans. Alerte à l'arnaque.

– Tu devrais porter plainte.

– J'arrive pas à dormir.

Mehdi s'est alors lancé dans une explication longue et chiante de son jeu vidéo. Dans deux minutes, tu dors, m'assure-t-il.

À l'époque, il y jouait déjà. Mehdi est le seul Français fan de foot qui ne joue pas à FIFA. Il préfère jouer au football américain – sans être jamais allé à aucun match de sa vie. Il dit qu'il n'y a pas d'*affect* dans le football américain, il ne peut pas être déçu, alors qu'avec FIFA il ne supporte pas de voir la France perdre. Ça lui fait trop mal.

Au bout d'une heure, je ne dors toujours pas. Le moustique est encore en mode chasse – elle fait de la voltige autour de mon oreille –, mais elle prend son temps pour me piquer. Elle est repue, mais elle revient pour jouer, comme un chat avec sa souris.

Encore une heure. On est passés du sport à la question très importante : est-ce que les moustiques ont une peau ? Puis on a dérapé sur le sujet de l'engagement activiste. J'évoque en passant le fait que je ne suis jamais allée à une manif.

– Attends. Comment ça, jamais ?

– Jamais.

– Même pas une manif pour les droits des femmes ?

– Une fois j'ai failli. C'était autour du mal-être des jeunes, je crois. Mais le RER est tombé en rade.

– Ah ouais ? Un jeune s'était jeté sous les rails, j'imagine ?

– T'es horrible. Drôle mais horrible.

Avec Mehdi, rien n'est chiant. Je peux parler de RER et on ne s'emmerde pas.

– Tu bâilles, Loli.

– Il est 6 heures du mat'. J'en peux plus.

– Le moustique est mort ?

– Nan. Il est en pleine pause digestive.

J'entends une voix de femme.

– Faut que je te laisse, Vanessa s'est réveillée. Sûrement la faute à un moustique.

Heu… Quoi ?

– Bonne nuit, il me dit. Il raccroche.

OK, donc… pendant qu'on parlait, Vanessa était dans la pièce à côté et dormait. Je croyais qu'elle et lui, c'était juste un plan cul. Il m'a dit qu'il s'en foutait d'elle ! Alors pourquoi il la revoit ? Pourquoi il écrase les moustiques pour elle ? Ça me tue.

Chapitre 23

J'ai rencontré quelqu'un.

Avec Mehdi, c'est fini.

Léo est petit, mince et porte des pantalons cargo pour que ses jambes paraissent plus épaisses. Il a des lunettes rondes à la Harry Potter et des cheveux épais qui lui font gagner quelques centimètres.

On s'est rencontrés sur l'appli « Adopte un mec ». Très vite, il m'a appelée (trop la flemme d'écrire, m'a-t-il écrit, appeler, c'est plus efficace). Sa première question a été : tu fais quoi si, demain, tu gagnes un million d'euros ? Lui, il arrête direct de travailler. Moi pas.

– D'accord, mais pour faire quoi ?

– Je sais pas. Je vais reprendre des études.

– Pfff, tu sais pas vivre.

C'est vrai.

– File-moi ton million, il ajoute, je saurai en faire un bien meilleur usage que toi.

Il m'a plu.

Puis j'ai vu qu'il habitait à Nancy. J'ai tout de suite voulu le supprimer. À quoi bon ? Mais, 3 semaines plus tard, on continue de se parler.

Dans la famille de Léo, on est juriste. Son père, sa tante, sa grand-mère l'étaient. Alors il l'est. Par contre – aime-t-il rappeler – c'est le seul spécialisé en droit des réseaux sociaux et actions anti-piratage. À part le travail – qui n'est pas une passion –, il y a deux choses que Léo aime par-dessus tout : les jeux vidéo et les figurines Warhammer à peindre.

Deux activités d'intérieur. Parce que la grande caractéristique de Léo, c'est qu'il ne bouge pas. C'est d'ailleurs surprenant qu'il soit si mince avec le peu d'activité qu'il fait. Ce n'est pas dans sa nature de quitter son appartement. Encore moins de voyager. Aller à Paris, jamais. Je ne sais pas comment on a été mis en contact sur l'appli en vivant tous les deux dans une ville différente. Peut-être qu'en revenant de Berlin j'ai allumé l'appli à la gare de Nancy ? Cela a suffi pour qu'on matche ?

De temps à autre, l'envie saugrenue (comme il le dit lui-même) de faire une activité extérieure le prend. Comme faire du parapente. Emporté par cet élan, il va tout de suite sur le site Décathlon pour voir l'équipement qu'il faut acheter. Pendant des semaines, il regarde des centaines de vidéos sur YouTube, des tutoriels, des documentaires, des vidéos d'amateurs et de pros… tout ce qui lui passe sous le doigt. Puis, quand il s'est bien gavé, il perd toute motivation. Quel intérêt de booker un séjour à l'UCPA ? Il a déjà l'impression d'avoir exploré toutes les facettes de ce sport. L'envie est passée. Il est repu. Il passe à autre chose et annule sa commande auprès de Décathlon. Avec l'intime (et inébranlable) conviction qu'il *sait* faire du parapente.

Son inertie parasite les autres domaines de sa vie. Par exemple, il ne quitte jamais ses copines. C'est lui qui est quitté. Il assume pleinement de laisser pourrir la relation sur place. De la négliger au point que l'autre finit par craquer et par endosser le rôle du méchant de l'histoire en rompant. Il raconte d'un ton neutre que sa dernière copine, avec qui il est resté dix ans, l'a quitté parce qu'elle n'aimait plus sa personnalité « trop molle ». C'est dommage, dit-il, mais c'est comme ça. L'ex n'a pas tort : son flegme vire à l'apathie. Au début, je croyais que c'était un masque, qu'il se cachait derrière une fausse nonchalance. Pas du tout. Ce n'est pas une posture : tout glisse sur Léo. À 13 ans, en rentrant des cours, il a trouvé le corps de son père, terrassé par une crise cardiaque. Il se rappelle ce qu'il a pensé. D'abord, merde. Puis, qui va m'aider à réviser mon brevet ? Quelques heures plus tard, il a réalisé et s'est mis à pleurer. Ça a duré toute la semaine. Sur le coup, il s'est dit que plus jamais il ne serait heureux. La douleur était trop insoutenable. Une semaine après, avec sa mère, ils ont loué une voiture pour balancer illégalement les cendres du haut d'une falaise bretonne. À cause d'un nid-de-poule, l'urne s'est déversée dans la voiture. Léo et sa mère ont acheté en vitesse un aspirateur à Leclerc pour ramasser les cendres. Et ont vidé le sac sur la falaise. Mais le vent était dans le mauvais sens et ils se sont tout pris dans la gueule. Pour couronner le tout, ils se sont fait choper par la police, qui faisait sa ronde, et ont fini au poste. Apparemment, le coin est très populaire pour lancer les cendres des défunts. Assis derrière le bureau de l'officier, sur une plaquette, il y avait le nom du policier affiché : il s'appelait Goulven. Comme son père. Il y a en moyenne 4 naissances par an en France avec ce prénom-là. Et ils sont tombés sur un autre Goulven. Léo et sa mère ont alors été pris d'un fou rire nerveux. Ce jour-là, Léo s'est dit qu'il se remettrait de la mort de son père. Pas tout de suite, mais plus vite que les autres en tout cas. Il avait raison. Le lendemain, ça allait déjà mieux. Au bout d'un mois, il était redevenu lui-même.

Sa sincérité m'a désarmée. Avec lui, en effet, rien n'est grave. Alors j'ai tout balancé. Mehdi, la perte de ma semi-virginité, le porno, le godemiché plein de sang, la tentative de suicide de Mélissa à cause de moi, mes pensées intrusives à chaque fois que je suis sur le point de le faire… Je me suis vidée face à lui. On a parlé 6 heures de suite. Je me comporte avec Léo comme j'en serais incapable face à Mehdi. Je rote, je lui dis quand il raconte des conneries, je ne me laisse ni impressionner, ni écraser. Léo est juste Léo.

– Se mettre en couple quand on est une meuf, c'est pas bien compliqué, me dit Léo d'un air placide.

Il ne comprend pas. Léo a eu deux relations très longues. À part Mehdi, je n'aimerai personne. Ce n'est pas un choix. C'est un fait. À 25 ans, je ne suis pas retombée amoureuse. Ça fait 11 ans. Sur l'écran de la vidéo, Léo secoue la tête, pas d'accord.

– Si tu ne tombes pas amoureuse, c'est de ta faute.

La vraie question, selon lui, c'est pourquoi je ne fais pas suite aux sollicitations ? Puisque j'en ai, forcément. Je n'ose pas dire non, parce que ça ne serait pas complètement vrai et je ne veux pas qu'il se pointe du doigt.

Il se pointe du doigt :

– Moi, je te dis : je suis celib' et tu n'en fais rien.

– On est potes, je réplique, avec l'assurance d'un vieux pneu dégonflé.

– Pas vraiment, non.

– T'habites loin.

– Ça, c'est vrai.

Léo insiste. Bordel à queue de pine (expression que son grand-père utilisait et qui le fait toujours marrer), qu'est-ce que j'attends pour coucher avec Mehdi ?

– Tu veux savoir mon hypothèse ? il me demande. Nan, tu sais quoi, je m'en fous, je te le dis quand même. Tu flippes.

– Merci, Captain Obvious. (Expression de mon papa, celle-là.)

– Attends. Laisse-moi finir. Tu flippes parce que, si tu couches avec lui, ça sera nul. Si, si, ça va être nul. Forcément, tu l'as jamais fait et t'as jamais été en couple. C'est comme pour le piano, pour devenir bon, on doit faire ses gammes. Beaucoup. Et souvent.

– Je lis les gammes, quand même.

– Mais t'en fais pas.

Oui, mais j'apprends vite et j'ai un don naturel pour les pipes, donc *a priori*, côté pénétration, c'est bien engagé. Mais il a raison, ce con.

– C'est vrai, j'admets.

– Bah oui.

Il colle ses doigts vers la caméra pour me montrer la corne qui s'est formée depuis qu'il a commencé la guitare.

– J'ai posé des vacances début septembre, me dit Léo. Je pensais descendre à Paris.

– Tu vas sortir de chez toi ?

– Ouais. Ça serait con de ne pas se voir juste parce que tu fantasmes sur un autre.

J'acquiesce.

En raccrochant, j'imagine le faire avec Léo. Pourquoi pas ? Avec lui, pas d'enjeu de vie ou de mort. Pas de « est-ce que je lui plais ? ». Je lui plais. Mais il n'y a pas cette agitation intense que je ressens quand je pense à Mehdi. Mais bon, Mehdi ne veut pas être avec moi. C'est dur à accepter, mais c'est vrai. S'il le voulait vraiment, on serait ensemble. Maintenant, il faut que je l'oublie.

Pour forcer mon cerveau à effacer Mehdi, je m'imagine souvent être en couple avec Léo. Tous les fantasmes d'avant, ils sont maintenant avec lui : Loli emménage avec Léo. Loli et Léo partent en vacances. Loli et Léo vont au cinéma… Malgré tout, mon cerveau renâcle, se tortille et tente de remettre Mehdi au centre de mes fantasmes, mais je tiens bon.

Parfois, mon scénario imaginaire entre Léo et moi devient trop sérieux. J'imagine qu'on galère à payer nos impôts ensemble par exemple. Ou qu'on n'est pas d'accord sur le modèle de poussette à acheter. Et je panique un peu. Déjà que je ne fais rien de ma vie, avec un Léo, on resterait des semaines chez nous sans sortir. On serait ce couple pantouflard que tous les autres couples craignent de devenir. Comme son ex-copine, je finirais sûrement par trouver que son flegme est en fait de l'inaction. Mais c'est plus fort que moi, je n'arrive pas à m'arrêter de lui parler. Il est ma drogue molle.

Même à distance, la routine prend racine. Je connais ses habitudes. Quand il va aux toilettes (le son résonne différemment dans la salle de bain), il coupe le son au moment de passer aux choses sérieuses. Je sais, à sa manière de s'exprimer, plus saccadée, quand il est en train de se déplacer dans son appartement (il s'essouffle très vite par manque de sport) ou encore, si le son est plus étouffé, la voix un peu mollassonne, je comprends qu'il s'est allongé dans son canapé.

Là, je me doute qu'il joue à WOW parce qu'il me répond par monosyllabes. C'est le moment d'aborder un sujet on ne peut plus sérieux :

– Léo. Selon toi, est-ce que je suis toujours techniquement vierge ?

– Oui.

– Ah bon ?

Léo m'explique que je suis toujours vierge parce que je me sens vierge. De toute manière, ajoute-t-il serein, faut que je me calme, le sexe, ce n'est pas si dingue. Personne n'ose le dire haut et fort, mais c'est vrai. Il y a beaucoup de choses qui valent plus la peine qu'une bite dans une chatte (ou un cul). Mine de rien, le sexe demande pas mal d'effort. D'abord physiquement, faut tenir. Mais faut aussi être attentif au plaisir de l'autre, à ce qu'il aime ou pas. Les jeux vidéo ou un match de foot à la télé demandent moins d'effort ! Le soir, beaucoup préfèrent regarder la télé que de niquer. C'est la vérité.

Je lui assure que, lorsque je le ferai, ça sera ma priorité numéro uno, mais il hausse les épaules.

– Bah non. Sinon tu l'aurais déjà fait.

Selon lui, je pourrais me taper n'importe qui. Tous les soirs même. Si je ne le fais pas, c'est parce qu'au fond le sexe ne m'intéresse pas tant que ça.

Pourquoi je ne pense qu'à ça alors ? Léo m'explique que c'est de la masturbation mentale. Je me branle sur l'idée que je me fais de l'amour et du sexe. Mais ce n'est pas le vrai truc.

– L'amour, le vrai, il fait pas bander, m'explique Léo, d'un ton (je trouve) condescendant.

– T'as une vision déprimante de l'amour, mec.

– Mais non ! L'amour, c'est beau, mais il n'y a pas de quoi fantasmer dessus. C'est pas les trucs de ouf qu'on voit dans les films.

Pour lui, l'amour est une accumulation de petites choses. Des grands et des petits sentiments qui s'empilent, mais que le temps érode. L'amour, le vrai, c'est voir la même personne tous les jours. C'est accepter le quotidien chiant ponctué de chaussettes sales, de lave-vaisselle à vider et de cheveux qui bouchent la douche. C'est aussi se taper les mêmes conversations, les mêmes disputes, le même corps. Tout le temps.

– Mais moi, ça me pose pas de problème. J'aime bien la routine.

Léo conclut en disant qu'il aime être amoureux, mais que moi je ne sais pas ce que c'est. Pas encore du moins.

On raccroche. L'envie de me masturber me prend comme une envie de pisser. Je me glisse sous ma couette.

Le visage de Léo se confond avec celui de Mehdi. Ça me met mal à l'aise. Comme si je trompais mon fantasme habituel avec un autre.

– Loli !

À travers la fenêtre, je repère tout de suite mon frère, qui me fixe à travers la fenêtre fermée. Faut vraiment que j'achète un rideau…

– Thomas, retourne-toi ! Mais putain, il est 22 heures !

– On a un problème, annonce-t-il en se retournant.

Chapitre 24

Surtout ne pas débander. Ne pas jouir trop vite. Tenir longtemps tout en pensant à l'angle de la caméra. Toute la journée, les acteurs pensent au réalisateur qui les juge, aux positions à enchaîner… ils ne pensent plus à « faire l'amour ». Même si on aime le sexe, même si on en a fait son métier, avec le temps, on se lasse. C'est inéluctable. Pour Emma et les autres, baiser égale travail. Leur partenaire est juste un collègue. Lui aussi aimerait terminer de bosser à 17 heures pour rentrer retrouver sa famille et ses amis. Le sexe devient vite un boulot comme un autre : avec ses pressions et ses contraintes.

En pyjama, je prends le téléphone que me tend mon frère.

– C'est fini, m'annonce Léa à l'autre bout du fil.

Elle répète à haute voix le texto qu'elle a envoyé à mon frère. Au téléphone, je tente d'empêcher ma voix de trembler.

– Ah. Merde. Je suis désolée. C'était d'un commun accord ?

Je pose la question dans l'espoir vain et idiot qu'ils pourront peut-être continuer à tourner ensemble demain matin à 9 heures. Même si, au fond, je sais que c'est mort. Les couples qui se séparent en bons termes n'appellent pas à 22 heures pour prévenir qu'ils se sont quittés. J'ai envie d'exploser, de les engueuler, de les traiter d'égoïstes. Alors que c'est moi, l'égoïste. Je ne pense pas au désarroi de Léa, à ce que ça a dû être pour elle d'en arriver là. Elle s'est sûrement dit qu'elle pouvait tenir un peu. Il ne restait qu'une semaine de tournage. Ce n'est pas une fille impulsive, leur couple devait forcément allait très mal pour qu'elle décide de rompre en plein tournage. Elle a dû avoir mal au bide au moment où elle s'est enfin décidée à appeler mon frère. À raison. Putain. Sa décision impacte toute une chaîne derrière elle, des boulots, des emplois, des gens. La connasse. Léa sent peut-être ma colère muette, car elle se justifie. Elle n'en pouvait plus. Il était trop jaloux. C'était invivable.

Dans une entreprise normale, n'importe quel employé aurait un préavis de 3 mois. Mais, dans notre cas, on fait quoi ? Même si j'ai un contrat qui les engage à terminer le tournage, je ne vais pas les forcer à niquer. Même si j'en ai très envie.

Les ruptures sont le pire fléau de l'industrie. Aux États-Unis, dans les entreprises dites classiques, ils interdisent à leurs employés de ken. Si seulement on pouvait faire la même chose dans nos contrats français. « Interdit de baiser. Sauf dans un cadre strictement défini par la production : uniquement pendant les horaires de travail. Sur les lieux choisis par le réalisateur. Sous la surveillance d'un assistant de prod. Orgasmes tolérés – si cela est écrit dans le scénario. Et seulement sur le plateau. »

J'écoute à peine Léa, qui continue d'expliquer l'envers de son idylle avec Marc. Il l'empêche de parler aux autres acteurs. Hier soir, il l'a attaquée parce qu'elle a reçu un texto d'un des figurants. C'était un SMS de rien du tout. Mais il s'est énervé.

– Mon Dieu, c'est horrible. Tu es blessée ?

Mais je pense : il disait quoi, ce texto ? (Mon cerveau est horrible.)

– Ça va. C'est le bras qui a pris. Mais il m'a foutu une claque.

– T'es allée porter plainte, Léa ?

Tout en pensant : est-ce que le maquillage pourra cacher efficacement le bleu au bras ? (Contrôle tes pensées, Loli !)

La jalousie s'immisce partout. Même chez les acteurs pornos. Même chez les libertins, libres et libérés. Tous les jours, Marc voit passer des meufs. Dans la rue, au travail. Et à chaque fois, il les imagine (je suppose) à poil, et pourquoi pas en train de le sucer ou quelque chose dans le genre. Mais il reste peut-être persuadé que Léa, elle, ne pense pas à ça. Sa Léa, quand elle marche dans la rue et qu'elle croise un homme, elle ne s'imagine rien. Parce que c'est une princesse. Même s'ils baisent devant la caméra, elle n'aime que lui, elle ne désire que lui. Faux, archi-faux, la princesse du porno s'imagine les mêmes saloperies que Marc. Mais, pour les femmes, c'est mal vu d'admettre qu'on pense au cul 112 fois par jour. Léa et Sandrine-la-comptable passeraient pour des salopes mangeuses de bites si les Marc de ce monde savaient. Alors, elles ne disent rien à personne. Pire, elles sous-estiment le nombre de fois où elles y pensent. Elles refusent de compter. Moi, j'ai compté, mais j'avais rien à faire, c'était un dimanche.

Ma théorie, complètement subjective, c'est que Marc a pété un plomb quand il a compris que Léa pensait et fantasmait comme lui, mais pas sur lui. Peut-être qu'il a attrapé un regard de Léa sur un pénis plus jeune. Il s'est dit : merde. Les boules. Dès lors, il s'est mis à angoisser. Si ça se trouve, sa princesse a remarqué que ses couilles commencent à tomber ? Peut-être que c'est pour ça qu'ils le font seulement au travail ? Et si, à force de les regarder toute la journée, elle s'était lassée ? Peut-être que Marc a tourné et retourné cette peur, il l'a laissée grossir, grandir en lui au point que l'émotion a fini par lui échapper. Au fil des mois, la petite peur irrationnelle a muté et l'a transformé. Le mec vantard et sûr de lui est devenu une bestiole jalouse et violente.

C'est la cata. Tout ce fric pompé, ces économies avalées, ce temps aspiré… Mon père va avoir une crise cardiaque, c'est sûr.

Il reste 8 jours de tournage. C'est infaisable. On ne peut pas le remplacer par un autre, ça se verrait trop. Tout le monde va le griller.

– J'arrive pas à ouvrir l'œil, Loli.

– Quoi ?

Elle allume alors sa vidéo WhatsApp. Bordel. La tronche. Elle a le côté droit du visage qui a viré au violet. Sa paupière s'est affaissée.

– Faut que t'ailles porter plainte, Léa, non mais vraiment. Fais-le maintenant. Raccroche et fais-le.

Même si je pense ce que je dis à voix haute, mon esprit pratique continue de réfléchir à toute vitesse, sans le moindre égard pour l'éthique, la morale et la violence conjugale. Mon cerveau ignoble me dit que, si Tomtom tourne du côté gauche, ça ira. Le film peut être décalé de 15 jours, le temps que la paupière dégonfle. Mais on risque de perdre l'appart. Et l'ingé son a un tournage dans le Sud dans 10 jours. Merde. Merde.

Léa est en pleurs. Elle s'excuse de foutre à mal notre projet. Elle est dégoûtée de nous décevoir. Elle se rend à la police et nous tient au courant. Puis elle raccroche.

On se regarde, Thomas et moi, catastrophés.

Le lendemain matin, on se retrouve plus tôt au bureau en ayant déjà prévenu toute l'équipe technique par SMS, sauf nos parents. On a voulu les épargner l'espace de quelques heures. Après une bonne nuit de sommeil, ils seront plus réceptifs. Mais mon père débarque au bureau en tirant la tronche. Il a très mal dormi. Thomas et moi échangeons un regard. Qui va le lui annoncer ? Un chifoumi mental s'engage. Mon père remarque notre manège, il fixe Thomas et réalise :

– Tu fous quoi ici ? T'es pas censé tourner ?

Le téléphone de Thomas sonne. « Allo ? » Il sort de la pièce en m'abandonnant lâchement. Le connard. Bon. Foutu pour foutu, j'annonce à mon père de but en blanc que Léa a porté plainte contre Marc pour coups et blessures. Évidemment, je prétends qu'on vient de l'apprendre à l'instant. « Et le tournage ? » me demande mon père. Avant que je puisse répondre, Thomas revient dans la pièce en brandissant son téléphone. C'était Marc. Apparemment, il s'excuse. Il dit qu'il aime Léa et va tout faire pour se faire pardonner.

Mon père s'assoit, rassuré.

– Bon bah, voilà. Problème réglé.

Il se met à allumer son ordinateur comme si la journée pouvait continuer normalement. Thomas et moi échangeons un regard. Chifoumi. Ma mère entre à son tour dans le bureau, un paquet à la main. Elle est passée à la poste juste avant. Immédiatement, elle sent l'atmosphère chargée et demande ce qui se passe.

– Rien. Les acteurs principaux qui se chamaillent, annonce mon père.

Mon Dieu. J'espère que mon père ne deviendra jamais une personne publique. De toute manière, il n'aura pas le temps, il sera *cancel* avant. J'explique la situation à ma mère tout en la rassurant : on a un plan.

– OK. C'est quoi, le plan ? demande-t-elle.

On va engager un nouvel acteur. Mon père se relève d'un bond et me coupe. Ah non ! Ça n'a aucun sens ! Tout le film a été écrit autour de ces deux connards. Je réponds que je sais. On le sait tous. Mais on ne peut pas garder Marc. Tomtom me seconde et dit qu'on va éviter les plans d'ensemble, prendre quelqu'un qui lui ressemble. De toute manière, personne ne regarde la tête des mecs. L'objectif, c'est que les gens se branlent, pas de gagner un Oscar. Mon père se mure dans le silence. Ma mère, abattue, ne croit pas à l'idée de prendre un sosie. Il en faut un nouveau, mais faut l'expliquer au scénar. On n'a pas le choix. Et comment on va faire pour les scènes déjà tournées ? On n'a pas les moyens de les retourner.

Je propose une idée sparadrap. Le départ précipité de Marc pourrait être intégré au scénario. Les parents ont découvert qu'il couchait avec sa sœur et l'ont envoyé en pension. Basta. Quant au nouveau rôle masculin, on n'a qu'à inventer un demi-frère caché. Tout le monde acquiesce, même mon père.

On passe en revue les acteurs possibles et disponibles tout de suite. On finit par se mettre d'accord sur Enzo. Il ne ressemble en rien à Marc. Mais il est beau gosse, sympa, et sa plus grande qualité est d'être dispo maintenant.

– Faut aussi voir si Léa et lui s'entendent bien.

Mon père ne supporte pas ma remarque et s'énerve :

– On s'en fout ! Elle le baisera et puis voilà.

Cette fois, on ne fait pas mine de n'avoir rien entendu. On lui tombe tous dessus. Il a le droit de penser de la merde, mais pas de le dire. Même en famille. Acculé, mon père déclare qu'on le fait tous chier ! Et il part en hurlant qu'on est tous virés.

Quelques jours plus tard, le tournage a repris, mais l'ambiance n'est pas la même. Pendant que la maquilleuse (on a pris une professionnelle cette fois, il le fallait) cache le côté gauche du visage de Léa, encore bien violet, les autres nous jugent. Les silences gênants raclent nos oreilles, des « tsss » nous soufflent dans la nuque, de maladroits « ça va ? » circulent. Les gens sont tiraillés, ils nous en veulent de faire reprendre le travail à Léa aussi vite. Même si c'est elle qui a insisté, on aurait dû lui dire «non, repose-toi». De l'autre, ils sont soulagés de reprendre le boulot et de pouvoir payer leurs factures. Ils ont une famille à nourrir. Des vacances à payer. Une voiture à rembourser.

«Ça va pas le faire.» Léa vient me voir entre deux prises. Elle est gênée, tourne autour de sa phrase et finit par avouer qu'elle «n'est pas sûre pour Enzo». Il y va comme un forcené et lui fait très mal. Elle a déjà vidé le tube entier de lubrifiant, ça ne suffit pas.

– Je vais lui parler tout de suite.

Je sais pourquoi. Il cherche à impressionner Thomas pour être réengagé derrière et fait de l'excès de zèle.

– Mais non, pas du tout, rétorque Thomas, Enzo est juste hyper stressé.

C'est un jeune acteur qui admire énormément Léa, m'explique mon frère. Elle a beaucoup de followers, et lui, il n'est personne, il ne veut pas se planter. Il se met une telle pression qu'il débande, il est alors obligé d'accélérer le rythme en bourrinant comme un imbécile.

D'accord. Très bien. Mais je ne me vois pas expliquer à Léa que, si Enzo lui déchire l'intérieur du vagin, c'est parce qu'il l'aime bien…

Donc Thomas et moi mettons en place une autre stratégie. On décide de faire la première scène du film. Celle où les personnages de Léa et Enzo le font pour la première fois. Dans la chambre, on ne sera que quatre. Léa, moi, Thomas et Enzo. Personne ne peut entrer. L'équipe technique n'est même pas autorisée, c'est moi qui vais tenir le micro.

On choisit une petite chambre intimiste. On fait asseoir Enzo et Léa sur le lit. Et on attend. Mais ils ne se parlent pas. Chacun est sur son téléphone. Je perds espoir. Thomas intervient.

– Lâchez vos téléphones, les gars. On va faire quelque chose.

Ce qu'il veut, c'est qu'Enzo fasse jouir Léa. « Un vrai orgasme », précise-t-il. Léa rougit comme une jeune fille effarouchée. Elle répète sans comprendre : « un orgasme ?! » et secoue la tête, mal à l'aise. Jouir, c'est intime. C'est pas un truc qu'on fait au travail. Jamais elle ne pourra. Poli, Enzo propose d'essayer. Il l'interroge sur ses préférences, sur ses meilleurs orgasmes. Léa répond mollement, pas convaincue. Pendant ce temps, on gratte du temps, en feignant d'avoir un problème technique à la caméra.

L'heure tourne, mais Enzo est plus fin que je ne le croyais. Il la fait parler, parler, parler. Puis, enfin, un verrou en elle saute. Je le sens. Mon frère aussi : il ordonne au couple de se mettre en position. Mais j'ai un doute. Et si on était en train de la forcer ? Et si c'était du viol ? Cette fille a déjà subi de la violence conjugale, je ne veux pas empirer les choses. Je m'apprête à intervenir, mais je remarque le lubrifiant posé au pied du lit. Oublié. Plus nécessaire.

– Ça tourne, annonce Thomas.

Ce Enzo me plaît. Sa manière douce de parler. Sa façon de désamorcer l'émotion. Il me fait penser à Léo. Tiens, je me demande ce qu'il fait. On est samedi, il doit être derrière son ordi. Je prends mon téléphone. J'ai un texto non lu. De Mehdi. Je le lirai plus tard.

Chapitre 25

C'est décidé. Je sais quand je vais perdre ma virginité. Dans deux mois à Paris. Pendant les vacances de Léo. Tout est prévu. Les vêtements que je vais porter. Ce qu'on va éviter de manger ce jour-là (les pois chiches, flageolets et autres légumineuses sont bannis. Pas de lait non plus – il y est allergique). Il ne va pas rester dormir chez moi parce qu'on ne se connaît pas tant que ça, donc il ira chez son pote Bertrand qui n'habite pas si loin. Ça fait bizarre de savoir comment ça va se passer. Mais ça me rassure.

Plus je passe du temps avec Léo, plus j'oublie Mehdi. J'aime le fait que je zappe certains de ses textos, qu'il soit obligé de me relancer. J'aime quand je ne peux pas répondre quand il m'appelle parce que je suis déjà sur WhatsApp avec Léo. J'espère que Mehdi souffre. Juste un peu. Je suis pas une sadique, hein. Mais le nombre de fois où il mettait des heures à me répondre, où je me mettais à pleurer en me disant qu'il s'en foutait de moi, puis quand enfin il répondait, je sentais l'excitation et le bonheur me submerger. Je me dégoûtais. Enfin, j'ai l'impression de reprendre le contrôle sur notre relation inexistante. La preuve : il m'appelle en ce moment même et j'hésite à décrocher.

– Allo ? je finis par répondre.
– Salut. Ça va ?
– Tranquille.

Voilà, on commence déjà à ne plus rien avoir à se dire. Tant mieux. Mon objectif, c'est de ne poser aucune question sur Vanessa. Même si je veux tout savoir.

– Je t'ai vue sur Bumble, me dit Mehdi, je t'ai écrit dessus, mais tu m'as ghosté.

Où ? Quand ? Comment ? Vanessa sait qu'il traîne toujours sur les réseaux ? Non. Ne dis rien.

– Ah bon ? Déso, j'y vais plus. Et j'ai zappé de me désinscrire.
– T'as rencontré quelqu'un, il me demande, surpris.
– Vite fait.

Mais c'est un vite fait qui veut dire oui. Je lui parle de Léo malgré moi et conclus avec un « Lui, je l'aime bien ». S'il m'avait dit ça de Vanessa, ça m'aurait achevée.

– Mais ça fait longtemps ?
– Non.

Je finis par admettre que la relation entre Léo et moi n'est qu'épistolaire.

– Pour l'instant en tout cas ! je précise.

À l'autre bout du fil, je sens que Mehdi se détend. Il me dit que ce Léo a l'air sympa, que lui aussi aimerait bien le rencontrer. Je me sens humiliée. Comme si ma relation avec Léo ne comptait pas pour de vrai. Comment va Vanessa ? je demande malgré moi.

Voilà. Encore une preuve que je n'ai aucune volonté.

– Ça va. Mais c'est pas vraiment sérieux.

Il précise qu'il en voit d'autres.

– C'est dommage, Vanessa a l'air sympa.
– Pas autant que Léonardo.
– Léo.
– C'est ça.

La conversation vrille, je le sens. Je raccroche en prétextant que ma mère m'appelle. Ce qui est vrai, mais je ne réponds pas.

Ma mère rappelle, mais je laisse sonner : un nœud se forme dans mon estomac. Je ne comprends pas. Pourquoi on était aussi passifs-agressifs ? On avait l'air tous les deux vénères l'un contre l'autre. Comme deux ex rageux.

On sonne.

– Coucou ma Louloute ! Tu es injoignable, dis donc. Réponds quand on t'appelle.

Maman.

Elle m'a rapporté des assiettes dépareillées qu'elle n'aime pas. Pour autant, elle considère que la vaisselle fissurée aux motifs de grand-mère vaut plus que celle achetée chez Ikea. Va comprendre. Mais là, ce qui m'étonne surtout, c'est qu'il est 21 heures.

– Comment va papa ? Tu t'es disputée avec lui ?
– Mais non. Il est juste chiant. Comme d'hab. Tout va bien.

Ma mère fredonne le générique de *Star Wars* en passant en revue le reste de ma vaisselle pour la critiquer (sachant qu'elle m'en a donné les trois quarts). Les films américains ont bercé mon enfance et celle de mon frère. On regardait en boucle les films préférés de mon père :

Star Wars, Last Action Hero, True Lies, Maman, j'ai raté l'avion… J'étais fascinée par les enfants en pyjama qui écoutaient, cachés en haut de l'escalier, leurs petits visages collés à la rambarde, les conversations privées de leurs parents alors qu'ils étaient censés dormir. C'était pas comme ça chez nous. Mes parents n'ont jamais attendu d'être seuls pour se disputer. Encore aujourd'hui, ils se gueulent dessus devant nous. De la petite chamaillerie à la plus grosse dispute : on a traversé avec eux toutes les épreuves de leur couple. Rien ne nous a été épargné.

J'ai grandi avec des parents qui s'aimaient comme dans les films. Ceux interdits aux moins de 10 ans. Mon père tripotait ma mère sous la table. Il lui caressait les seins, les fesses. Il la basculait en arrière pour lui faire un baiser langoureux. Je trouvais ça hyper romantique. À l'époque, les parents de mes amis me semblaient barbants à côté du couple que formaient les miens. Eux, ne s'embrassaient jamais. Les parents de Mehdi se parlaient comme s'ils étaient indifférents l'un à l'autre. Ça ne faisait pas envie. Moi, je voulais vivre la même chose que mes parents. C'était ça, ma vision de l'amour. Je pensais qu'avec Mehdi ça serait pareil. Qu'on s'aimerait avec fracas.

Avec le temps, les enfants, les tracas de la boîte, la dépression de mon père, le couple de mes parents a muté. Petit à petit, les effusions d'amour, les « je t'aime », les fous rires se sont raréfiés. Du moins, du côté de mon père. Maintenant la dynamique leur couple s'est inversée. C'est ma mère qui court après mon père. Elle lui met la main au cul. Le colle. Tripote sa cuisse sous la table. Mais ça le saoule. Ma mère est triste. Ces derniers temps, elle me répète en boucle que les hommes se plaignent que leur femme n'a pas assez de libido, qu'ils aimeraient être avec une qui veut le faire tous les jours, mais en réalité ça les fait chier. Ils préfèrent quémander, râler, plutôt que de devoir bander quand ils ne l'ont pas décidé.

– Après une journée de boulot éreintante, ton père n'a pas le courage de se masturber, alors baiser sa femme… Et la faire jouir qui plus est. Ça l'épuise d'avance.

– OK, je réponds en espérant qu'elle s'arrête.

Ma mère examine mon studio. Je la sens frustrée. Contrairement aux enfants de ses amies, je ne suis pas partie à 18 ans. Elle aimerait me dire que c'est le bordel chez moi. Que je vais me créer de l'asthme à force de laisser s'accumuler la poussière. Que je bouffe n'importe quoi. Elle repère mon paquet de mueslis sans sucre ajouté pas rangé.

– C'est quand même pas ton dîner ?

– Non.

– Ah. C'est bien alors.

Comme je la sens triste, je lui propose de dîner ensemble. Elle accepte, mais elle est distraite et jette des regards constants sur son téléphone. Je connais ce regard. J'avais le même quand j'attendais un message de Mehdi.

– T'attends un message de Papa ?
– Non. C'est pas ça.
– Il sait que t'es là ? je demande.
– Non.
– Pourquoi tu lui as pas dit ?
– J'attends qu'il le remarque.

Pour l'occuper, je la fais cuisiner. Elle n'a pas l'habitude de cuisiner avec rien. Chez elle, elle a ses épices, son couteau chéri, la bonne casserole.

– On fait quoi ? demande ma mère.
– Une chakchouka.
– C'est pas français, ce truc.
– Non, mais c'est très bon.

Ma mère regarde son téléphone, puis se tourne vers moi.

– Je peux dormir chez toi ce soir ?
– Il va finir par t'écrire.
– Non, mais je m'en fous.

Elle s'assoit sur mon lit-canapé. Tapote sur les draps comme s'ils avaient besoin d'être dépoussiérés.

– Appelle-le. Fais pas ta fière.

Ma mère a un rire méchant. Du style c'est « toi qui dis ça ». Je prends mon tél pour l'appeler, mais elle m'agrippe le bras.

– Lui dis pas que je suis chez toi ! me menace ma mère.

Soudain, je comprends son plan. Elle veut lui faire croire qu'elle a un amant. Pour l'instant, mon père le sait, la guerre a déjà été gagnée. Par lui. Elle veut qu'il réagisse. Qu'il devienne fou à l'idée de la perdre. Qu'il se batte pour la récupérer.

C'est la première fois que je transforme mon lit en deux-places. Je ne veux pas que ma mère sache qu'à part elle personne n'a partagé ma couche. Je m'efforce donc de ne rien laisser paraître. Mais ma mère grille un détail important.

– Tu n'as pas de draps deux-places ?

– Euh, non.

– Mais comment tu fais quand t'as quelqu'un ?

– Bah… on se colle sur le lit une place.

Je rougis, gênée par mon mensonge mal ficelé. Mais, de toute manière, elle était trop obnubilée par mon père.

– Écris à ton père pour savoir s'il est à la maison.

– Maman…

– Juste un message de bonne nuit.

– C'est hyper bizarre ! J'ai jamais envoyé ça. Il va griller que quelque chose n'est pas normal.

On se couche en mettant nos téléphones en silencieux. Le lampadaire de la rue nous éclaire et je vois que ma mère a les yeux grands ouverts.

– Tu devrais acheter des rideaux occultants, observe-t-elle.

– Oui.

– Je t'aiderai à les installer.

– Merci.

Elle sort ses pieds de la couette. Comme moi. Ça la démange de vérifier si papa lui a écrit, je le sais. Mais elle est trop fière pour regarder. Pour l'aider, je prends mon téléphone et retire le mode silencieux.

– Comme ça, si y'a une urgence, papa pourra au moins me joindre.

Je me recouche. Ma mère se met sur le flanc pour me tourner le dos en reniflant bruyamment.

– Il n'appellera pas, murmure tristement ma mère.

– T'en sais rien, maman. Tu te rappelles ce que tu m'as dit y'a des années ? Il y a toujours un moment dans la vie où l'autre nous aime moins qu'on l'aime. Mais ça finit toujours par revenir.

À 7 ans, après une violente dispute entre mes parents (aucun souvenir sur quoi), ma mère m'avait sortie que dans un couple on s'aime rarement en même temps. Il y a des jours, des semaines, où ton partenaire te saoule. Tu ne l'admires plus. Tu ne le désires plus. Tu ne l'aimes même plus. Ce n'est pas grave de moins aimer la personne. Le danger n'est pas là. Il arrive seulement quand les deux s'aiment moins au même moment. Plus personne n'a alors envie de se battre.

– Ça fait 5 ans.

Ouais. Bon. C'est long.

Je me retourne sur le flanc et me retrouve dos à dos avec ma mère. La fille et la mère. Qui aiment, mais qui ne sont pas aimées en retour.

– T'as reçu un SMS, me dit ma mère, au taquet.

Je regarde. C'est Léo. Ça me fait sourire.

– C'est Mehdi ? demande ma mère.

Je réponds « bonne nuit » et repose le téléphone.

Le lendemain matin, quand j'ouvre les yeux, je vois que ma mère est déjà réveillée. Elle tient son téléphone à la main. Je comprends, à son visage, qu'il ne lui a pas écrit.

Chapitre 26

– Salut, Loli. Tu me reconnais ?

Hermela. Je l'ai reconnue tout de suite. Elle porte les mêmes ballerines démodées. Une jupe longue en été comme en hiver. Un tee-shirt trop long. Un pull trop court. Les couches se superposent sans harmonie. Avec ce genre d'habits, les autres femmes seraient laides et informes, mais, elle, elle reste belle.

– Ça va ? je lui demande, tout en sachant que ça ne va pas du tout.

Si elle est là, c'est que ça pue. En général, quand une actrice refait surface après plusieurs années, ce n'est pas bon signe. Peut-être qu'elle a claqué trop de thunes. Peut-être qu'elle s'est séparée ou qu'un membre de sa famille est malade. En tout cas, elle a besoin de quelque chose et vite.

Alors que je la fais entrer, je réfléchis déjà à quel rôle je peux lui donner dans le film avec Léa. Je trouverai bien un petit truc à lui faire jouer. Au pire, une scène lesbienne ou une pipe.

Je lui propose une chaise. Elle prend place en se pinçant nerveusement le bout des doigts et m'annonce :

– Je suis amoureuse.

Merde.

Elle veut disparaître, m'explique-t-elle. Elle pensait que le porno allait la libérer. C'est devenu une prison. Impossible de trouver un taf sérieux. Personne ne veut d'elle. Partout où elle a travaillé (Zara, H&M, des restaurants…), ses collègues et ses patrons finissent toujours par le savoir. Les filles la voient comme une pute. Les mecs la draguent lourdement. Quand on fait du porno, on veut forcément se taper tout le monde, constate tristement Hermela.

Hermela ne comprend pas comment c'est possible. Elle a toujours utilisé un pseudo et il n'y a pas tant de vidéos d'elle. Mais il y a toujours un bouffon pour la retrouver et la traquer. Dans la masse de films et d'actrices qui sont sur le Net, comment peut-on la retrouver aussi facilement ?! Elle a même fait appel à un service hors de prix pour disparaître, mais tant que les vidéos existent…

… Elle sort alors une enveloppe pleine de cash. Ce sont toutes ses économies plus une partie que lui a donnée son amoureux. Elle veut faire valoir son droit à l'oubli, m'explique-t-elle. C'est à mon tour de me pincer nerveusement les doigts. C'est pas possible. Il faudrait rembourser l'entreprise (nous donc – enfin, mon père surtout) sur les coûts engagés. Elle n'en aura jamais les moyens.

En vérité, je n'en sais rien. Combien nous rapportent les films où elle apparaît ? Dans quelle mesure a-t-elle attiré les spectateurs ? Combien de personnes regardent ses quelques vidéos ? Tout cela est très difficile à estimer. Mais Hermela ne lâche pas.

– Mes vidéos sont peu vues. Les scènes avec les actrices noires sont les moins populaires. Pas comme les Asiatiques ou les Blanches. Je ne rapporte pas grand-chose.

Elle parle d'elle comme d'un produit.

– Hermela, les vidéos sont partout. Même si on les retire, ça veut dire qu'on serait responsable d'attaquer tous les sites qui les relayent de manière illégale… Tu te rends compte de l'argent que ça va coûter ?

– Y'a des gens dont c'est le métier. Je les paierai.

– C'est un boulot à vie…

Je croise les bras, signe que je refuse de prendre son enveloppe pleine de fric, mais elle l'approche encore plus de moi. Comme si j'étais le parrain d'une mafia et qu'elle était la victime.

– Il n'y a que 6 vidéos. J'avais 19 ans…

Elle s'arrête de parler, ravale ses larmes. Elle me dit qu'elle ne supporte pas l'idée que ses vidéos restent à vie. Elle les a faites à l'époque pour reprendre le contrôle de son corps, et maintenant ? Elle en est encore une fois dépossédée. Par nous, cette fois.

Je n'ai pas le choix. Je lui promets de parler à mon père. Je passe mes arguments en revue dans ma tête. Supprimer 6 vidéos dans un catalogue de milliers de vidéos, c'est une goutte d'eau. L'entreprise ne la sentira pas passer. Mon père va dire oui.

– Non. Pas question.

Mon père est radical. L'angoisse m'attaque les entrailles. C'est ma faute. J'aurais dû choisir un meilleur moment pour le lui demander. Il est en train de ranger son bureau. Et ça le met dans des états pas possibles. Il a cette fâcheuse tendance à s'étaler. Pendant des années, ma mère lui hurlait dessus pour qu'il range. En vain. Elle a fini par avoir une idée de génie. À chaque fois qu'une affaire à lui traîne, elle la pose sur son bureau. Tout. Les tasses sales avec un fond de chicorée, les papiers administratifs, les chaussettes sales. Très vite, le bureau de mon père devient une déchetterie et il va migrer ailleurs. Sur le canapé en général. Mais, là, un fournisseur l'a contacté et il doit retrouver la facture. Il accuse ma mère (qui n'est même pas là) de foutre le bordel dans son bureau, mais, au fond, je crois que ça le rassure de savoir que toutes ses affaires – même ensevelies – sont au même endroit. S'il range, il va forcément finir par retrouver cette putain de facture. Mais, en attendant, il est odieux. Certains gardent leur mauvaise humeur pour eux, mon père ne fait pas partie de ces gens-là. J'hésite à revenir à la charge demain, mais Hermela a besoin d'une réponse maintenant. Je plaide sa cause, mais il s'en fout.

– Imagine si toutes les actrices faisaient ça ! C'est n'importe quoi ! On ne s'en sortirait pas.

– C'est Hermela.

Comme si son prénom à lui seul était un argument.

– Qui ?

Il s'avère qu'il ne l'a jamais rencontrée ; j'aurais dû m'en douter. Ça fait des années que mon père ne va plus sur les tournages. Il délègue cette partie-là à Thomas et à moi. Voir des culs et des bites toute la journée lui fait autant d'effet que de se brosser les dents.

Je mets le paquet pour défendre Hermela. Je lui invente même une histoire comme quoi sa famille la menace de la foutre à la porte. Qu'elle a emmené 5 000 euros en cash.

– Le manque à gagner est plutôt autour de 100 000 euros.

N'importe quoi. Quelle mauvaise foi. D'où il sort ce chiffre magique ?

– Papa, sois sympa, merde.

– Je suis sympa, bordel. Ça fait 10 minutes que je t'écoute alors que je t'ai dit non. Je dois te le dire dans quelle langue ? Retourne bosser.

Il se remet à fouiller.

J'ai envie de trépigner en me jetant par terre pour qu'il cède. Cette méthode fonctionnait quand j'avais 5 ans, et je me dis que c'est le moment de la retenter. J'adore mon père, mais là il m'apparaît gros, con et moche. Son bureau est poussiéreux et daté. Sa moquette (nan mais franchement), ses étagères jaunis. Ses posters pseudo-vintage sur les murs.

Je reste plantée là, incapable d'accepter la décision de mon patron.

– Appelle-la alors. Dis-lui que tu refuses de lui rendre sa vie.

Quand il va entendre sa voix douce et mélodieuse, il sera incapable de lui dire non. Elle le convaincra mieux que moi. Il me toise en silence. J'ai l'impression que lui aussi veut me frapper. On est quittes, donc.

– Tu me saoules, me lance-t-il, file-moi son numéro.

Je le lui envoie par SMS et sors prendre l'air dans la rue. À travers la vitrine, je le vois mastiquer un de ses chewing-gums sans sucre qui lui donnent mal au bide, mais qui – selon lui – lui permettent de moins manger. Au téléphone, il se pince l'arête du nez. Reprend plusieurs chewing-gums (il doit bien en mâcher 6). Il cède, je le sens. Je l'espère.

Je reviens au moment où il raccroche. Il ne m'accorde pas un regard, mais je refuse d'entrer dans son petit jeu mesquin.

– Alors ?

– Quoi ?

– Bah, avec Hermela ?

– J'étais avec le fournisseur pour qu'il me renvoie le papier.

Putain, il est chiant. Il me fixe longuement. Je sens qu'il sait ce que je pense. Il finit par se lever et va dans la salle de tournage, en bas. Avec son téléphone.

Une heure passe sans que je voie mon père émerger. C'est fort possible qu'il ait trouvé une sortie secrète via les égouts et qu'il se soit barré plutôt que d'appeler Hermela. C'est bien son style, tiens. Il finit toutefois par émerger, se rassoit sur son bureau, prend son bordel à pleines mains et le pose par terre, derrière lui.

– Viens là, Loli. Assieds-toi.

Il arbore un air grave. Là, je sais que j'ai perdu. Hermela ne sera pas oubliée.

– Qu'est-ce qu'il y a ?

Je sens qu'il va me sortir son speech sur le fait que c'est lui qui décide et moi j'obéis. On est dans son entreprise ici, ce sont ses règles qui s'appliquent.

– Tu es virée.

Quoi ? Comment ça, virée ? Mais non. Je suis la fille du patron.

– Juste parce que j'ai insisté pour que tu retires les vidéos d'une fille ?

Il me regarde d'un air triste, résigné, et m'explique qu'il va me faire un licenciement économique, ça me permettra de toucher le chômage et me laissera le temps de trouver un autre taf.

Je dis oui sans le croire. À chaque fois, c'est le même cirque. Demain, il sera calmé.

– Je suis sérieux, Lolita.

Il est sérieux. Vraiment sérieux. Je comprends qu'il n'a pas du tout appelé Hermela quand il était en bas, il était en train de réfléchir à comment me virer.

– Mets sur ton CV que tu as fait de la traduction anglais/français pour des vidéos promotionnelles audiovisuelles. Si on m'appelle, je confirmerai.

Moi, virée ? Mais et mon loyer ? Putain, mais je viens de déménager et il me vire ! Il n'aurait pas pu se débarrasser de moi quand j'habitais encore chez lui ?

Range ton bureau, qu'il me dit. Pas besoin de revenir demain. Je te paye ton préavis. Laisse les clefs sur ton bureau. Pas le mien, c'est le bordel. Et claque bien la porte derrière toi. Je file voir le fournisseur. J'y vais.

– Papa…

Il se lève et prend son manteau. Moi, je reste assise, incapable de bouger. Au moment de partir, il se penche au-dessus de moi et m'embrasse sur le front comme quand j'étais enfant. Il s'attarde, le nez dans mes cheveux, ses deux mains posées sur ma tête. Enfin, je comprends et j'appuie mon visage contre son gros ventre. Il me donne ce qu'il a refusé à Hermela. La liberté. Le droit à l'oubli. Et un nouveau départ.

Il sort et je reste sur la chaise à lutter pour retenir mes larmes. À penser à mon papa qui m'a virée parce qu'il m'aime.

Chapitre 27

– Le cul, c'est fini pour moi, j'annonce, de toute manière, j'ai jamais trop aimé ça.

Je ne le vois pas, mais je sens qu'il sourit.

– Tu vas faire quoi ? On trouve comment un autre taf dans le porno ? Je suppose qu'on passe pas par Linkedin.

– En tout cas, c'est gentil de m'avoir appelée, Mehdi. Merci.

Je n'avais pas prévu de dire à Mehdi que j'avais été virée, mais il m'a appelée deux fois et c'est lui qui m'a trouvé mon appart.

– C'est normal. C'est ce que font les amis.

Est-ce qu'on est amis ? Les miens, je ne veux pas les sucer.

– On est passés d'ex à amis, alors ?

Je pose la question, histoire d'être bien claire que je ne verrai jamais sa bite.

– C'est toi qui décides.

Comment ça, c'est moi qui décide ? De quoi il parle ? Ça veut dire quoi ? Mon téléphone sonne.

– Léo m'appelle, faut que je te laisse.

– Il est au courant ?

– Non.

Puis je rajoute, comme pour me justifier :
– Pas encore eu le temps. Salut.
– Salut, me répond Léo. Ça va ?
– J'ai été virée par mon père.
– À mon avis, c'était mérité.
Il ne peut pas me voir, mais je souris. Et il le sait.
– Tu vas faire quoi ? il me demande.

Je sais pas. Poussée par mes parents, j'ai choisi le bac S pour avoir l'embarras du choix. Comme je ne savais pas quoi faire après le bac, j'ai enchaîné avec un BTS commerce parce que ça ne ferme aucune porte. Je ne sais pas pourquoi, mais ouvrir à tout ne mène à rien. J'ai alors attendu qu'une passion vienne à moi. Puis, comme ça ne venait pas, je me suis mise à la chercher. J'ai testé la danse (chorégraphe ?), la cuisine (cuisinière ?), la couture (styliste ?), jouer aux sims (codeuse ?). Rien ne s'est jamais révélé à moi. Il s'avère que faire quelque chose qu'on aime de manière répétitive rend cette chose très chiante à force. Certains n'ont pas de passion. Ce n'est pas grave, mais autant le savoir tout de suite. Pour éviter de perdre son temps comme moi.

À part bosser pour mes parents, j'ai essayé deux professions. La première, je ne sais pas si elle compte. C'était mon stage de troisième.

Parce que j'avais la flemme d'envoyer des CV (et parce que je suis une gosse de cadres priviligiée), je me suis tournée vers mes parents. Pour des raisons évidentes, mais qui m'échappaient, ils ne pouvaient pas m'accueillir, ils ont alors demandé à un pote à eux qui était encore dans le milieu. Il s'appelait Jean-Pierre. Il s'appelle plutôt – parce que je crois qu'il est encore vivant. Un type sympa, mais qui se plaignait tout le temps. De sa femme. De leur bébé. De ses rides. De ne jamais gagner assez. Je crois que cet homme n'a jamais été heureux.

Le deuxième stage, c'était l'été après mon bac. Ma mère m'avait traînée à un forum de l'emploi pour étudiants. J'ai trouvé un petit boulot d'intérim dans une boulangerie à Saint-Michel – Notre-Dame. J'avais postulé parce que c'était direct de chez mes parents avec le RER C. Le boulot commençait à 7 h 30 (ce qui était plus raisonnable que 3 heures du mat'). Et j'aime bien les pains au chocolat, j'espérais en recevoir un par jour, gratuit. Le premier jour, j'ai été préposée à la caisse. La manageuse ne savait pas que j'étais nulle en calcul mental. En cours, on utilisait des calculatrices, donc à quoi bon se prendre la tête ? Très vite, j'ai été dépassée. Surtout à l'heure de pointe. Au déjeuner, la queue des clients s'allongeait à vue d'œil et m'angoissait. Je préférais rendre trop aux clients plutôt que de les mettre en retard. À la fin de la journée, il y avait un écart de caisse de 50 €. Le deuxième jour, la manageuse m'a demandé d'emballer les sandwichs. Le troisième jour, on ne m'a pas rappelée. J'en ai pleuré toute la journée. À 18 ans, ma vie professionnelle s'engageait très mal : j'étais incapable de faire un boulot sans qualification. Comment j'allais faire jusqu'à la fin de mes jours ?

En quoi suis-je donc douée ? En rien. Je maîtrise l'art de ne rien faire par contre. Regarder des vidéos YouTube plutôt que de sortir. Envoyer des textos plutôt que d'appeler. Écouter plutôt que parler. Et encore. J'écoute mal.

Depuis que je suis virée, tout le monde est tendu. Si le patron est capable de virer sa propre progéniture, personne n'est en sécurité. Dorénavant, ceux qui arrivaient en retard sont à l'heure. Voire même en avance. Les acteurs font de l'excès de zèle et prennent leur gel douche, leur parfum et même leurs propres préservatifs sur les tournages. Pour faire gagner du temps, les actrices arrivent déjà maquillées (ça, ça ne fait pas gagner du temps, parce que la maquilleuse est obligée de tout défaire pour tout refaire). L'angoisse est palpable. Mais ça me rassure de partir en sachant que tout est sous contrôle. Ça ne durera pas. Autant que mon frère et mon père en profitent. Si Thomas a bien senti pourquoi papa me renvoyait, ma mère, elle, n'a rien compris. Ou alors elle refuse de le voir. En apprenant ma mise à pied, elle lui a hurlé dessus. Il brise la famille. Virer sa propre fille ?! Non, elle ne fera pas mon solde de tout compte, il n'a qu'à le faire lui-même ! Il ne sait pas le faire, donc ça va être mal fait. Tant mieux, tiens ! Comme ça, Loli pourra le traîner aux prud'hommes pour licenciement abusif !

En douce, j'ai fini par aider mon père à faire les papiers.

Très déçue de voir que mon père ne s'en sortait pas si mal côté administratif, ma mère, histoire de bien montrer son désaccord vis-à-vis de sa décision unilatérale, a quitté le lit conjugal. Dorénavant, elle alterne entre le canapé et chez moi. Mon père, pour l'instant, tient bon. Ça l'arrange, je crois.

J'ai quand même peur que ma mère l'ait à l'usure. S'il change d'avis et me ré-embauche, je suis foutue. Alors, tous les jours, j'appelle France Travail, j'envoie 15 CV, histoire de vite trouver autre chose. N'importe quoi. Même si « n'importe quoi » reste difficile pour une incompétente comme moi.

En rangeant mes affaires, je tombe sur un faux prospectus de l'ancienne agence immobilière de mes parents. L'« appartement » à louer, c'était le salon de ma grand-mère réagencé. Comment j'ai pu passer à côté ? Je me sens encore plus conne et incompétente.

Agent immobilier. C'est un métier que je pourrais faire. Je crois. En plus, je pourrais demander conseil à Mehdi. Non, non, avec Mehdi, c'est fini. Même s'il est célibataire. Libre. Non. Non. Non. Il ne veut pas d'un truc sérieux. On est amis, pas plus. Il l'a dit. Il pourrait me trouver du travail dans son agence ? On deviendrait collègues. Il finirait par tomber amoureux de moi. Hop, on ouvre une agence immo ensemble. Hop, on a deux gosses – arrête, Loli.

Je ne contacterai pas Mehdi. Je n'ai pas besoin de lui. Théoriquement, j'ai fait les études pour. BTS MCO, ça ouvre forcément à agent immo.

En vérifiant sur France Travail, je vois qu'il me manque une carte d'agent immobilier pour exercer en bonne et due forme. Mais assistante commerciale en agence, c'est possible. Organiser les rendez-vous, sentir si les gens ont du fric ou pas, faire de la pub… c'est dans mes cordes.

Je rappelle Léo, qui est en train de jouer à ses jeux vidéo. L'avantage de Léo, c'est que peu importe à quelle heure j'appelle, il est soit au travail, soit chez lui. Et il répond toujours. Je lui balance ma super idée de reconversion professionnelle.

– Tu ferais le même taf que Mehdi ?

– Oui.

À travers le combiné, je l'entends jouer et s'agiter sur les touches de son ordi.

– Pourquoi tu l'appelles pas pour lui demander des conseils ?

– J'ai pas besoin. Mes parents étaient agents immo, ils s'y connaissent.

– C'était y'a longtemps. Mehdi, c'est maintenant.

– Tu veux que j'appelle Mehdi ?

– Je trouve ça surtout bizarre que tu veuilles faire le même métier que ton ex.

– C'était celui de mes parents, je réponds du tac au tac.

– Meuf, t'as un problème avec Mehdi. Tu devrais le baiser et passer à autre chose.

Il a raison. Je sais qu'il a raison.

Après avoir raccroché avec Léo, j'appelle Jean-Pierre. Celui chez qui j'ai fait mon stage de 3ᵉ. Avec un peu de chance, il tient toujours la même agence, rue Voltaire. Raté. Mais mon père me donne son numéro. Même s'ils ne sont plus potes. Sa femme a fini par découvrir qu'il la trompait alors qu'elle était enceinte de leur deuxième. Elle l'a quitté, persuadée – parce que mes parents travaillaient dans le porno – que c'était ça qui avait donné l'idée d'aller voir ailleurs à Jean-Pierre. Ils l'avaient perverti. Sans ça, il serait resté fidèle. La pauvre, si elle savait à quel point on baise peu dans notre milieu. Quand on a le droit de baiser ailleurs, l'attrait de le faire se ternit comme des fleurs dont on a oublié de changer l'eau du vase. JP décroche très vite. Il se souvient de moi (de mes parents surtout). Il a appris que je bossais avec eux et trépigne de jalousie. Je dois avoir tellement de belles histoires à raconter. J'ai dû vivre de telles choses là-bas. On a l'impression qu'il parle d'un paradis. Cela lui paraît inconcevable que je veuille partir et travailler dans un autre milieu. Par chance, il est prêt à me prendre. Mais à mi-temps. En CDD. J'estime quand même que j'ai trouvé un travail. J'espère que j'arriverai à le convaincre de me prendre en CDI d'ici 3 mois. Par contre, me dit-il, l'agence n'est plus à Paris (les loyers là-bas, c'est une énorme arnaque), elle est en banlieue. À Versailles.

Arf.

Y'a le RER C.

Ah !

Sur place, je fais un effort surhumain pour ne pas paraître déçue. L'agence est minuscule. (Surtout à Versailles, les prix explosent, m'explique-t-il.) Depuis, l'espace manque de chaleur, alors il est content qu'une « jolie » femme le rejoigne. C'était son ex-femme qui l'avait aidé à décorer l'espace à l'époque. Je frissonne, dégoûtée. Il le voit et s'empresse de préciser qu'il est en couple et amoureux. Une Chantal, explique-t-il. Sympatoche. Ses mots, pas les miens. Il s'enfonce avec un dernier :

– Un peu ronde, mais voilà.

C'est horrible, mais j'ai déjà envie de ramper devant mon père et de le supplier de me reprendre. Je ne survivrai pas ici. De l'extérieur, les photos imprimées sont riquiqui et ne donnent pas envie. À l'intérieur, les bureaux sont des planches posées sur des tréteaux et JP porte le même costume que dans mes souvenirs. À l'époque, il était déjà daté. Le divorce ne lui a pas réussi. Il a pris beaucoup de bide, au point que ses chemises peinent à le contenir. Pourquoi Chantal s'inflige ça ? L'espace d'un instant, je me demande si c'est la même Chantal à qui j'ai écrit sur Doctissimo. Celle qui n'a jamais joui. Je comprends mieux pourquoi. Elle a des goûts horribles en matière d'hommes. Mais JP n'a pas que des défauts. Un truc sympa chez lui, c'est qu'il aime son taf. Pour lui, être agent immobilier, c'est accompagner les gens dans des moments de vie. Des beaux : un premier emménagement, un premier enfant, un deuxième… et des moins beaux, comme un divorce ou un décès. Selon lui, il faut être « très fin » psychologiquement pour réussir dans ce métier. On doit être dans l'humain avant tout. Ce qui est son point fort (selon lui). La déco par contre (toujours selon lui), c'est moins son truc. Il n'a pas tort. Il connaît ses limites, le JP.

– T'as des idées pour égayer l'espace ?

Quand Mehdi et moi on ouvrira notre agence, elle sera mille fois mieux. Je vais noter toutes les erreurs de JP pour qu'on ne les fasse pas. Arrête, Loli. J'agite le bras pour chasser ce fantasme, comme on chasse une mouche. Mais il est tenace. Et si j'ouvrais une agence avec Léo ? Non. Vite, pense à autre chose. Je repère alors dans un coin un canapé moisi pour recevoir les clients. Il est de la même couleur que celui de ses parents. Ce canap a pris cher. Ça doit faire 20 ans que les gens posent leur cul dessus. Ces mêmes gens qui sont arrivés par le RER C, qui y mettent leurs microbes et leurs crottes de nez.

– Ton canapé est pas dingue, je dis, mais t'en fais pas, j'ai un canapé sympa qui pourrait être stylé.

Je propose de le lui prêter pour égayer l'espace. Il accepte. Il ira le récupérer ce week-end. Je préfère éviter de lui dire que des acteurs ont baisé dessus. Attendons qu'il s'attache au canapé. Qui sait, peut-être que ça l'amusera quand il l'apprendra ?

– Faut peut-être le filer au pressing avant, je suggère quand même.

Mais JP considère que ça ne sert à rien. Les gens vont le redégeulasser en deux secondes. Le lundi suivant, je commence à 9 h 30. Entre le retard du RER C, l'odeur du nouveau lieu (qui sent le plastique et le poisson), JP qui parle sans respirer – sérieux, il est pire que ma mère –, à 11 heures, je veux déjà rentrer à Meudon. J'ai le mal de l'entreprise familiale. Je suis déjà prête à inventer que mon père me ré-embauche, n'importe quoi pour me barrer, mais mon regard s'arrête sur le canapé, le mien. Ma madeleine de Proust. Les vestiges de mon ancienne vie. Ça m'emplit de joie, ce canapé.

J'inspire et reprends le travail.

Chapitre 28

J'ai reçu le mail en même temps que tout le monde. Comme si j'étais une vulgaire invitée parmi tous les autres.

« À la bonne franquette » a le plaisir de vous convier à l'avant-première de *Secrets juteux en famille.*

Les enfoirés. J'arrête de lire. Je peux pas. J'ai envie de balancer le mail à la poubelle. Ce que je fais. Voilà. Merde. J'ai pas lu la fin. Heureusement qu'on peut récupérer nos mails dans les poubelles informatiques. Je ne comprends pas, ils auraient pu m'appeler pour me dire que le film allait être projeté. Ce n'est pas parce que je ne bosse plus avec eux que je n'existe plus. Je suis partie y'a seulement 6 semaines. Bon sang, j'ai eu Thomas hier soir à l'appareil ! Et il ne m'a rien dit. En même temps, il est toujours à l'ouest, lui. De toute manière, ce mail, c'est maman tout craché. Elle s'est chargée de l'invitation. Alors que, le matin même, elle m'a envoyé le gif nul d'un chat qui fait un câlin à un canard. Est-ce qu'à la place elle aurait pu me demander si je voulais venir à l'avant-première du film ? J'ai bossé pendant des mois sur leur merde. Ça fait 5 ans que je leur donne tous mes dimanches et mes samedis. Toute ma vie (inintéressante certes, mais quand même) a été engloutie là-dedans. Un peu de reconnaissance, merde.

Quitter la boîte familiale, c'est pire que de traverser une rupture sentimentale. Quand tu casses avec ton copain, tout le monde s'apitoie sur ton sort. Si tu quittes ta famille, on trouve ça normal. Ma cousine Sabrina, quand je lui ai dit que je partais (j'ai évité de dire que j'avais été virée), m'a répondu : « Ah bah, enfin. Ça va te faire du bien. » Quand Mehdi et moi, on s'est séparés, elle a dit : « Oh putain, c'est horrible. Ma pauvre. Viens, on s'appelle, tu me racontes tout. » Et on était ensemble depuis seulement 3 mois ! Si je transfère ce mail en gémissant, Léo va me répondre « ???? ». Je peux crever la bouche ouverte avec ma souffrance de merde. Personne ne comprend qu'avant je me réveillais toujours avec le bruit de la porte des toilettes qui grince. Le couinement de 6 h 50. Celui qui me disait : papa va pisser. À 8 heures, je me rendais systématiquement au travail avec ma mère. À midi, on déjeunait ensemble, mon frère et moi (et ma mère s'incrustait souvent). Et le soir, on matait en famille une série, mais plus souvent un film post-prod à nous. C'était ma vie depuis des années. Mon petit cocon grisâtre à moi. Maintenant, j'ai Jean-Pierre. Jean-Pierre qui se gratte les oreilles avec son auriculaire et essuie la cire jaunâtre sur le coin du bureau, puis suçote son doigt. Un patron qui ne connaît pas la fonction « silencieux » et dont le téléphone fait une petite musique à chaque fois qu'il tape sur son clavier. Jean-Pierre qui sort à chaque client : « Mais appelez-moi JP ! Ça me fait plaisir. » Ça ne fait plaisir à personne. Arrête. Mais il continue d'insister. Je ne veux pas l'accabler, non plus. Moi aussi, j'ai des habitudes relou. J'arrête pas de dire « Tu vois ». Ça l'agace. Je le sais parce qu'il me reprend : « Nan, je vois pas. » Je renifle tout le temps parce que j'ai la flemme d'aller chercher un mouchoir (comme mon père). Je suis râleuse, égocentrique, égoïste. Et coincée du cul, cela va de soi.

Les défauts de JP ne sont pas horribles, non plus. Chiants, oui. Surmontables ? Absolument. Avec le temps. C'est juste que les défauts de ma famille, je les connais par cœur, je vis avec depuis toujours. Le bruit de mastication de mon père qui s'enfile une boîte de Freedent par jour (pour contrebalancer l'odeur des surimis). Mon frère qui refuse de porter des chaussures (et de couper ses ongles de pieds) et qui laisse traîner ses panards noirs partout. En plus, il vole mes chaussettes (oui, j'ai de grands pieds. Mais lui en a des petits. Ah !). Et ma mère. Elle ne supporte pas le silence et l'emplit par n'importe quoi : sa vie intime, des raclements de gorge, voire même dans certains cas du porno en bruit de fond, comme si c'était de la musique. Limite, ça me manque, tout ça. Au fond, je ne veux pas me réhabituer aux habitudes sales de quelqu'un d'autre.

Je relis le mail trois, quatre fois. J'ai le droit d'avoir un « plus un ». Quel privilège…

Parce que je suis mesquine, je recherche dans ma messagerie les anciennes invitations aux avant-premières des films qu'on a sortis. Voilà. J'en étais sûre. Ils ont piqué mes tournures de phrases, ma formule de politesse. M'en fous. Je ne viendrai pas.

« Vas-y. » Léo me lance ça au téléphone.

Léo et moi, on discute presque tous les jours maintenant. J'aime son côté nonchalant, sa manière de tout dire sans filtre, ses monologues chiants. Il peut passer 15 minutes à parler d'un résultat de rugby entre le Stade français et Toulouse en s'en foutant de savoir si ça m'intéresse. Limite, ça lui plaît que je m'en foute. En échange, je peux lui raconter toute ma vie sans crainte. On est pas dans le même milieu. On a aucun ami en commun. À qui va-t-il répéter que je suis vierge ? Et si j'en ai marre de lui, je peux toujours le ghoster. C'est moche, mais cette porte de sortie me rassure. Et c'est comme ça que je peux me lâcher et lui raconter mes ruminations mentales et mes boulettes. De toute manière, mes histoires seront toujours moins pires que les siennes. Cette nuit, par exemple, il avait trop la flemme d'aller aux chiottes. Alors il a ouvert la fenêtre et a pissé par-dessus le balcon. Pas de bol, y'avait des gens en dessous. Il s'est accroupi quand il a réalisé que le groupe arrosé comptait les étages pour savoir qui était le connard à la petite vessie. Il est resté caché comme ça, sans oser bouger, le temps que le groupe abandonne et se décide à rentrer pour prendre une douche.

Dorénavant, quand Jean-Pierre fait un truc marrant au boulot, ou qu'un client tape une crise, je le raconte à Léo. Mehdi, je n'y pense même plus.

– Y'aura Mehdi ? me demande Léo.

– Pourquoi y'aurait Mehdi ?

– Parce qu'il vous a trouvé des appartements. Ça me paraîtrait normal de l'inviter.

J'y avais pas pensé. Merde. C'est possible. Maintenant je stresse. Je dois demander à mes parents d'inviter Mehdi. Et il va venir. Merde. J'aurais aimé que Léo puisse venir juste pour que je puisse le montrer à Mehdi et lui dire : tu vois, il existe. Oui, ça fait gamine ridicule et immature, mais je m'en fous. J'assume ma connerie. Je suis à la limite de payer le billet de train à Léo, mais je me rappelle que je suis en CDD. Je ne veux pas que notre « vraie » première rencontre soit à une avant-première de cul. Au milieu de toute ma famille.

Jean-Pierre débarque pile à ce moment-là. Il parle tellement fort au téléphone que je ne m'entends plus penser. Je file aux toilettes.

– À chaque fois que j'arrive, tu fuis aux toilettes. Je pue ou quoi ?

– J'ose pas laisser la boutique sans surveillance en ton absence ! Imagine quelqu'un entre pendant que je suis aux toilettes ?

– Ouais. C'est pas faux.

Assise sur le siège des toilettes, je me dis que Léo a raison. Il faut que j'invite Mehdi, moi (Léo ne l'a pas dit avec ces mots, mais j'interprète). Ça serait malpoli de ne pas le faire. Et si c'est mon « plus un », il ne pourra pas inviter feu Vanessa ou une autre pouf…

« Ça te tente de venir à la première de notre chef-d'œuvre ? »

Je trépigne, bous, incapable de tenir en place. Pour m'occuper, je tire la chasse d'eau.

« Yes. J'ai reçu l'invit. Je viens. Hâte », il me répond par texto.

Qui l'a invité ?! Il vient seul ? Ou il a invité un « plus un » ? Mon Dieu, mon Dieu. Je tire la chasse d'eau pour couvrir mes lamentations internes.

– Loli, bah alors ? La consommation d'eau, merde ! braille Jean-Pierre.

Que faire ? Je pourrais lui suggérer d'amener sa mère en mode blague ? Comme ça, il sera obligé de me dire s'il vient seul ou accompagné. Je vais faire ça.

Sa réponse : « Lol. »

Lol quoi ? Lol, ça veut rien dire.

Il me reste qu'une solution. C'est humiliant, mais je n'ai pas le choix.

– Allo ?

– Thomas, c'est moi.

– T'es aux chiottes.

– Comment tu sais ?

– Tu chuchotes. Tu fais toujours ça quand tu veux qu'on te foute la paix. D'ailleurs, arrête. Tu gâches l'eau à tirer la chasse d'eau à vide.

– Mehdi vient à l'avant-première. Vous lui avez envoyé une invitation.

Un silence chargé, puis Thomas reprend la main.

– C'est maman qui s'en est chargée. Mais, ouais, c'est normal, il nous a filé deux apparts.

– Oui, c'est vrai. Il a confirmé qu'il venait, d'ailleurs.

– Yes. Tu l'as dit.

– Ah.

Il me torture un peu en jouant au con, mais finit par avoir pitié.

– Tu veux savoir s'il vient accompagné.

– Je sais. Je suis pathétique.

– Il vient seul.

– Merci.

Je raccroche et appuie sur la chasse d'eau, mais le réservoir est à sec.

J'aimerais que Mehdi meure. Comme ça, il sortirait complètement de ma vie. Pas une mort horrible. Un petit infarctus. Efficace. Rapide. Indolore. Le décès de Mehdi, c'est ça la solution qui me permettra d'arrêter de penser à lui tout le temps. Tiens, il est pas allergique aux cacahuètes ?

***

C'est bien dommage que les cinémas pornos aient fermé. Il y a quelque chose d'excitant à regarder ce genre de film tous ensemble. Tout le monde doit exercer un contrôle de soi exemplaire. Personne ne doit mouiller ni bander. On est entre professionnels pour juger la qualité d'une œuvre. Mais bon, les gens du milieu ne voient plus les culs, les seins et les bites. Ce qu'ils voient, c'est le grain de l'image, les plans, l'éclairage… avec l'éternelle question qui les angoisse : est-ce que le client va bander ? Est-ce que ça va lui plaire ? Nous, on a trop la tête dedans. Les mois de tournage, montage, post-prod, nous ont vidés. On est à sec. Donc l'avant-première, c'est un peu le crash-test.

Je fais la queue dans le cinéma. Au bout, je vois ma famille, rayonnante, en train d'accueillir tout le monde à l'entrée de la salle. Ils enchaînent les « bonjour, ça va, ça fait longtemps ». Ça fait bizarre de me retrouver de l'autre côté de la barrière. Avant, on me félicitait, on me disait : « Hâte de voir ce que ton frère a fait. » On savait que je travaillais dans la famille, mais la plupart n'identifiaient pas exactement ma fonction. Assistante de prod, c'est un métier un peu bâtard et obscur pour beaucoup. Je regarde l'affiche. Léa prend toute la place. Marc est là, mais de dos et de loin – presque coupé. Je jette un regard vers les acteurs. Pas de trace de Marc. Il n'a pas été invité, mais il aurait pu chercher à s'incruster. Je me demande si les gens se doutent de l'envers rien qu'en regardant l'affiche publicitaire. S'ils savaient les merdes que ma famille a dû gérer pour qu'ils puissent venir à la projection. Les acteurs virés, remplacés, rajoutés. Le scénario modifié à la dernière minute (et du coup qui perd toute sa cohérence), les lieux improvisés, les coupes parce qu'un acteur jouait vraiment trop mal (la limite, c'est : est-ce que ça fait débander ? Si la réponse est oui, ça saute). Ce film concentre à lui seul tous les sacrifices de ma famille pour continuer à exister dans ce milieu.

J'embrasse mes parents en les félicitant. Ils semblent surpris. Pourtant ils savaient que j'allais venir.

– T'étais pas obligée de faire la queue, me dit mon père, t'aurais pu nous rejoindre direct.

Je réalise qu'à eux aussi ça doit faire bizarre de me voir de l'autre côté de la barrière. Pas le temps de m'appesantir, quelqu'un les alpague et je me fais happer par la foule.

La salle est petite. Bien. En prendre une trop grande aurait été une erreur. Le vide appelle le vide. Les fauteuils rouges sont larges et plus que décents. Aucun strapontin, ce qui est bon signe. Je m'enfonce dans l'assise et laisse courir mon doigt sur l'accoudoir. Après le visionnage d'un porno, je n'aurais jamais pris un tel risque, mais, avant, ça passe. La salle sent le pop-corn et son beurre écœurant. J'adore.

Mehdi s'assoit à côté de moi. Je frémis sans arriver à me contrôler.

Ah bon ? Il lui faut une raison pour qu'on s'assoie ensemble.

Le film commence, la salle est plongée dans le noir. J'aimerais qu'il mette sa main sur la mienne. Je sens que nos cuisses se touchent presque (vive le *manspreading* dans ce cas précis). Est-ce qu'il ne profiterait pas de la pénombre pour m'embrasser ? Ou au moins me caresser le bout des doigts ? Mais il est trop absorbé par le film. Il s'amuse à reconnaître mon ancienne chambre, mes draps, ma lampe. Le salon de mes parents, leur cuisine, les appartements qu'il m'a loués. Il essaye de comprendre l'intrigue, mais abandonne assez vite. Il ne comprend pas si c'est le même acteur, si c'est un film qui parle de schizophrénie ? Si l'actrice voit la même personne incarnée en deux acteurs différents ? Et pourquoi ils baisent s'ils sont frère et sœur ? « Ah oui, d'accord, non, laisse tomber. Question con. »

On dirait ma mamie. Elle ne pouvait pas s'empêcher de commenter tous les films que l'on regardait enfants.

Je pose ma main sur notre accoudoir commun. En espérant qu'il pose la sienne aussi. Mais il garde fermement ses bras croisés l'un contre l'autre... La lumière revient, tout le monde applaudit à tout rompre.

Je repère des gens debout et assis sur les marches de sortie. C'est bien, la salle est comble. On pourra jouer là-dessus sur TikTok. Montrer les spectateurs à même le sol. « On ». Eux, quoi. J'ai encore de vieux réflexes...

Mon père porte sa voix et enjoint aux gens de prendre l'apéro. Au 3e étage. Le hall côté salle 1, 2 et 3. Avec Mehdi, on file dans le couloir, on monte l'escalator, on prend des escaliers, on entre dans une autre salle. Et si on se matait un autre film ? Non, je crève de faim. On referme la porte. Il est où, cet apéro ? Ça sent la mauvaise volonté du ciné. OK pour accueillir un film porno, mais pas plus, hein. Sûrement un manager coincé qui ne veut pas que les gens du cul s'éternisent trop chez eux. Ça pourrait se savoir.

Enfin, on trouve le petit hall coincé entre deux escaliers et les toilettes. Mon père a fait les choses en grand. Y'a du vin, des canapés Picard, des pistaches (à la place des cacahuètes). Ça semble cheap, mais, connaissant ma famille, ils se sont saignés. Et les gens s'empiffrent sans savoir que la boîte est sur le point de s'effondrer. Je glane quelques conversations ici et là et j'apprends que mon père a essayé de négocier le rachat des vidéos de Hermela auprès de plusieurs sites, mais sans succès. Par contre, ils auraient apparemment vendu le film à Canal + – ce qui, si c'est vrai, serait assez incroyable. La boîte serait peut-être sauvée. J'ai envie de me précipiter auprès de mon père pour tout savoir. Mais je sais pourquoi il ne m'a rien dit : il ne veut pas que je revienne. Quand même. J'ai tellement envie de savoir…

Mehdi, lui, scanne les acteurs, il croit en reconnaître certains, mais n'est pas sûr. Je lui conseille de regarder s'ils ont des tatouages. La plupart en ont. Des signes chinois, les prénoms de gens qu'on aime (ou, plus réaliste, ceux qu'on a aimés), des fleurs, un triangle, la Terre, dépassent de leur manche, du col de leur pull, sur leur cheville nue. Au début, ça m'avait marquée : pourquoi autant d'acteurs ont des tatouages ? Me faire percer les oreilles a été le fruit d'une réflexion de plusieurs années. Les boucles d'oreilles, on en change, on reste pas coincé avec les mêmes toute sa vie. J'aime les tatouages, mais j'ai trop peur de me retrouver à 80 ans avec un signe chinois niché à l'intérieur de mon bras et d'en avoir oublié la signification. Et il paraît que ça fait mal.

Mehdi est attentionné, il me sert du vin, teste tous les canapés et me rapporte les meilleurs. Dans la jungle, il serait le chimpanzé qui tend des fruits à la femelle qu'il veut sauter. Mais on est civilisé maintenant. Malheureusement. Au loin, près du buffet, je vois une femme fondre sur lui. Une femelle plus âgée qui n'a pas froid aux yeux. La connasse. Aucun tatouage. Elle n'est pas actrice porno. Elle n'est pas non productrice, ni côté distrib, parce qu'elle parle depuis trop longtemps à Mehdi. Les prods utilisent ces apéros pour flairer le prochain deal, harponner un distributeur, complimenter un réal pour le faire réaliser leur prochain film sans budget, ils ne perdraient pas de temps avec quelqu'un comme Mehdi. Cette femme n'est pas du milieu. Qui est-ce ?

Je tends des pistaches à Mehdi, ce qui m'ouvre la voie pour rester. Je m'accroche aux branches, comprend que la maison familiale du film, c'est la sienne.

– Et celle de mon mari, Yves, qu'elle pointe du doigt, il est en train de parler avec Franck.

Franck ? Mon père ? Elle le connaît ?

– Ah ? Comment vous vous connaissez avec Franck ?

Pour maintenir une distance professionnelle, j'ai pris l'habitude très tôt de parler de mes parents en utilisant leur prénom. Quand on négocie le prix en gros des derniers godemichés à la mode, on est mal engagé si on commence ses phrases par : « Papa propose ces prix-là. »

– Oh, ça fait longtemps. On est de vieux copains.

– Ah bon ? Pourtant je ne vous ai jamais vus à Meudon.

– Nous nous sommes rencontrés à une soirée privée. Vous aussi ?

Elle me lance un regard entendu, le sourire aux lèvres. Après tout, doit-elle se dire, la soirée ne fait que commencer.

– C'est mon père.

Elle se décompose.

– Oh, mais y'avait votre mère aussi.

Comme si cette réponse se voulait plus rassurante. Mehdi se racle la gorge et proclame avoir très très soif. Il part, me laissant avec Sofia, la brave dame qui fait des plans à quatre avec son mari et mes parents. Je la regarde et mon cerveau ne peut pas s'empêcher de l'imaginer nue. En train de chevaucher mon père (l'époque où il avait encore envie de le faire, je suppose). Franchement, c'est une très belle femme. Elle peut faire mieux. Mais peut-être qu'elle n'est pas superficielle comme moi. Cette idée m'absorbe tellement que, lorsque je cligne des yeux, et elle n'est plus là. Je ne l'ai pas vue partir et je ne l'ai même pas entendue inventer une excuse pour se retirer. Je me mets à scanner la foule en me demandant qui a couché avec mes parents. C'est horrible, mais c'est plus fort que moi. Ces pensées intrusives me parasitent, je dois sortir de la salle.

J'aime bien les toilettes publiques. J'aime lire ce que les gens écrivent sur les portes. J'aime voir leurs pieds sous les portes qui ne vont pas jusqu'au sol. J'aime imaginer leur malaise quand ils entendent la porte s'ouvrir : ils savent maintenant que s'ils pissent, pètent, chient, je vais les entendre. Ils ne sont plus seuls.

Ce soir, c'est le jackpot, je repère deux paires de pieds dans le même box. Somme toute, pas très étonnant le soir d'une avant-première de film de boules. Je ne crois pas un seul instant que ce soient des acteurs. Pour être excité par ces films, il ne faut pas être du milieu. Ça m'amuse d'imaginer leur tête. Ils ont l'air jeunes.

Parce que je suis sadique, je décide d'attendre jusqu'à ce qu'ils sortent. Je prends mon temps pour me laver les mains. Et comme ils ne sortent pas, je fais mine d'ouvrir la porte de sortie, mais je reste.

Ils sortent. Deux jeunes. J'avais raison. Une femme. Un homme. Mon frère. Avec une femme. Mon frère gay avec une femme. La fille comprend qu'on se connaît (elle pense sûrement que je suis la copine officielle) et s'éclipse, un peu gênée. Thomas, lui, se contente de se laver les mains, l'air de rien. Je ne sais tellement pas quoi dire que je sors la pire phrase de vieux possible.

– C'est sérieux ?

Mais tais-toi, Loli…

Thomas hésite à me répondre, mais il sent qu'il doit dire quelque chose.

– Au moins, avec des filles, je suis sûr de ne jamais retomber amoureux.

Il sort. Et je reste comme une conne. Triste pour mon grand frère.

Quand je me décide à revenir dans la salle de réception, elle est déjà presque vide. Je cherche Thomas des yeux. Il est près du bar, en train de se servir un grand verre de bière. Quant à la fille avec qui il l'a fait, elle s'est évaporée. Je me dirige vers Tomtom. Je me dis que je dois lui parler, mais pour dire quoi ? Je vais pas lui faire une leçon de morale sur le fait qu'il est gay et qu'il doit coucher avec des mecs. Je ne me vois pas pousser l'hypocrisie et lui dire qu'il doit oser se lancer pour retomber amoureux. Non, je ne vais rien dire. Coucher avec quelqu'un, garçon ou fille, c'est déjà une première étape franchie. De mon côté, je n'y suis pas encore. Sans le réaliser, je me retrouve devant mon frère, qui m'ignore ostensiblement. Il ne veut pas parler, je le sens, mais je m'en fous. Je le prends dans mes bras.

– T'es bourrée ou quoi ? me demande mon frère, gêné et raide comme un piquet.

– Oui, je réponds.

Je sens qu'il se détend un peu. Ce câlin, c'est le mieux que je puisse faire sans tomber dans les sentiments dégoulinants. C'est un « je t'aime » sans le dire. Ce soir, il va rentrer sans se demander si je le juge pour avoir couché avec une meuf. Il sait que non. Je relâche notre étreinte parce que je sens le regard brûlant de Léa qui me juge.

Du coin de l'œil, j'observe ma mère. Après mon licenciement, j'étais persuadée qu'elle allait rentrer et demander le divorce. Mais, ce soir, elle tourne autour de mon père, lui prend la main, l'embrasse. Lui, il se laisse faire. J'en conclus qu'ils se sont réconciliés. Comme si elle pouvait lire dans mes pensées, elle me rejoint, me tend trois pistaches (avec des coques complètement fermées...) et m'explique en regardant mon père :

– Je préfère une vie de merde avec ton père que pas.

Que pas quoi ? Qu'une vie sans lui, je suppose. Je ne sais pas trop quoi dire.

– Tu n'as jamais été douée pour la solitude, de toute manière, je lance en mode blague, tu aurais fini par emménager chez moi.

– Ça t'aurait saoulée de voir défiler tous mes amants.

– Maman, arrête s'il te plaît. Je n'ai pas besoin de connaître toute ta vie. T'es ma mère. C'est glauque.

Les mots sont sortis tout seuls, naturellement. Des milliers de fois, j'ai eu cette conversation imaginaire. J'imaginais que ma mère se vexe, qu'elle ne me raconte plus rien, qu'on ne soit « plus amies ». Je pensais qu'elle allait s'énerver, qu'elle allait me dire que j'étais une perverse qui adorait tout savoir. C'est vrai. Mais, là, elle se contente de manger des pistaches.

– On a vendu le film à Canal +.

– Il paraît, oui. Bravo. C'est super.

– C'est ton père qui a tout fait.

J'ai peur que ce soit une perche, alors je ne dis rien. Elle me fait un bref câlin (c'est de famille, ce système) et va rejoindre mon père.

Ça me fait penser à Léo, je ne sais pas pourquoi. Je lui envoie un petit message.

– C'est Léo ?

Mehdi s'est approché sans que je le repère. Je ne réponds pas.

– Ta mère pense qu'on couche ensemble, il lance.

La sournoise ! Elle mène l'enquête. Mais je hausse les épaules.

– T'as honte ? je grommelle. Tu veux pas qu'elle balance cette rumeur à tout le monde ?

– Nan, je m'en fous. Si tu veux, je peux même brouiller les pistes en disant que je couche avec une Vanessa, mais que c'est que du cul.

Putain ! Ça a repris avec Vanessa ?! C'est pas possible, elle s'accroche à Mehdi depuis 2 mois au moins. Mehdi me regarde en coin et insiste, moqueur : comment se fait-il que je n'ai pas encore parlé de Léo à mes parents ? Bientôt, je réponds, pour le rendre jaloux. Un échec. Pour Mehdi, tant qu'on baise pas, ça compte pas. Le compteur de la relation s'enclenche à partir du moment où l'on couche ensemble. Avant, c'est du vent. À son air, je réalise qu'il pense que Léo n'est pas un danger. Mehdi sait

– inconsciemment ou pas – qu'il me contrôle. S'il le souhaite, il m'a en un claquement de doigts. Son arrogance m'exaspère. J'ai envie de lui mentir, de lui dire qu'avec Léo on l'a déjà fait. Que c'était dingue.

– Léo vient me rendre visite, je dis à la place.

– Quand ?

– Dans 2 semaines. Il a pris des billets non échangeables non remboursables (mythooo).

– Cool.

Mehdi demande à voir une photo de Léo. En retour, je demande à voir Vanessa. J'ai besoin de voir son visage pour m'imaginer quel genre de cris elle pousse au lit. Je la vois de dos au loin sur une plage. Elle arque son dos, se tient sur la pointe des pieds, pour bien faire ressortir ses fesses. On a beau voir les ficelles, ça marche. Même moi, sa photo m'excite. À côté, la photo de Léo, qui fait une grimace dans sa chaise de gamer, ça fait ridicule. J'ai envie de dire qu'il est mieux en vrai (en vidéo, quoi). Mais je me retiens.

Provoc', Mehdi m'enjoint de tout lui raconter quand je le ferai avec Léo.

C'est donnant-donnant. Comment se passe le sexe avec Vanessa ?

– Elle suce trop vite.

Je suis surprise, je ne pensais pas qu'il allait me répondre. Mais non seulement il a répondu, mais il développe. Elle agite sa tige avec trop de fermeté, et avec l'empressement de quelqu'un qui veut en finir au plus vite. Le sexe, elle s'en débarrasse comme on met la table. Elle n'aime pas les cunnis non plus.

– N'importe quoi, je dis.

– Quoi ?

– Dire qu'elle n'aime pas les cunnis, c'est comme dire qu'elle n'aime pas le plaisir. À mon avis, tu le fais mal, c'est tout, je sors pour le provoquer.

– Peut-être, répond Mehdi sans rebondir.

Il persiste. De manière générale, le sexe n'occupe pas beaucoup de place dans la tête de Vanessa. Quand elle a du temps libre, elle pense à ses potes à qui elle n'a pas parlé depuis un bail ou bien à ses prochaines vacances. L'esprit de Vanessa est occupé à ça. Pas à sucer Mehdi. Pour elle, la baise, faut pas que ça dure plus de 15 minutes. Plus, ça la fait chier. Elle jouit vite. En 5 minutes, c'est plié.

Sur mon écran, un nouveau message de Léo s'affiche. Mehdi le voit.

– Fais voir ses messages.

– Non.

J'ai envie de me cacher pour le découvrir seule, en premier. Mais Mehdi me prend mon portable des mains et me dit qu'on se partage tout, et que cela inclut les messages personnels d'un gars rencontré sur Internet qui n'est même pas mon mec.

– Allez. Tu lui as envoyé une photo à poil ou quoi ?

– Non. Mais même.

– Je m'en fous. Je connais ton mot de passe.

– Arrête.

Je tente de récupérer mon portable, mais il le tient hors de portée comme un ado attardé.

– Moi, je t'ai montré plein de messages de mes plans cul Tinder.

– T'aurais pas dû. Et Léo, c'est pas un plan cul.

– C'est vrai. Vous ne le faites même pas.

– Super. Merci.

À mon ton, il comprend que je ne ris pas et me rend mon téléphone.

– Roh, ça va, pourquoi tu fais cette tête ?

Parce que ça y est, on a basculé. Sans le voir, on est passés dans une relation toxique et il faut que ça cesse. On se parasite l'un l'autre. On s'empêche de tomber amoureux en parlant de Vanessa et de Léo comme ça. En se montrant leurs messages, nos réponses, en racontant trop les détails de leur vie intime et la nôtre. On joue avec eux comme avec de la bouffe. Sans faim en plus. On les triture, on les écrase, alors qu'on devrait manger ou passer à autre chose. On est dans cet entre-deux flottant. Ça suffit. Ce soir, maintenant, tout de suite, je me libère de l'emprise que cet homme a sur moi depuis 11 ans.

Je fixe Mehdi, décidée, et j'annonce en pensant très fort à Léo.

– On devrait baiser.

Chapitre 29

J'espère que le sexe sera nul. Comme ça, je me mettrai avec Léo sans regret ni faux espoir. Si c'est bien, par contre, ma vie est finie. Comme Mehdi ne veut pas de relation sérieuse, je vais être collante en mode désespérée. Alors il va me larguer. J'en mourrai. Si ça se trouve, c'est ça qu'il cherche : la vengeance. Il est rageux d'avoir été largué à 14 ans et il attend depuis 11 ans pour exécuter sa vendetta.

Mehdi entre chez moi, je referme la porte derrière lui. Tout de suite, je pense à ma mère. La dernière personne à avoir dormi chez moi. Ma maman chérie qui m'a fait acheter des draps deux-places pour mes « invités ». Ce soir, elle n'a jamais eu autant raison de sa vie.

Cela n'a pas été facile de convaincre Mehdi. Il m'a d'abord dit non pour « baiser ». On est potes. À quoi bon ? Ça va foutre la merde. Mais j'ai répondu que non, on n'est pas potes. On est en relation, mais sans la baise, la routine et les disputes de couple.

C'est vrai, a-t-il fini par concéder.

J'étale au sol mes deux matelas simples pour les transformer en un lit double. Mehdi me regarde faire d'un air circonspect :

– Tu sais, les clic-clac, ça existe aussi.

– J'aime le côté judo avec les tatamis.

Les deux matelas prennent toute la place de mon studio et bloquent la porte de la salle de bain. Ça donne à l'ensemble un côté très étudiant fauché. Ce n'est pas si mal. Le temps fait gentiment marche arrière pour me permettre de perdre ma virginité dans les mêmes conditions qu'une fille de 18 ans. Dans un studio étriqué et hors de prix. Avec mon premier amour.

– Elle est où, la salle de bain ?

Si dans un 15 m^2, on ne trouve pas les toilettes, c'est qu'on est très nerveux. Et ça me fait du bien. On est deux à avoir peur et à ne pas oser le dire à voix haute. Mes angoisses se bousculent en moi : on commence par quoi ? S'embrasser ? S'allonger sur le lit ? Dans les films, y'a souvent cette scène où le couple ouvre la porte tout en s'embrassant. Comme s'il n'y avait pas de coupure. Dans la vraie vie, y'a des pauses. On a besoin de trouver ses clefs dans son sac, de retirer ses chaussures, d'aller se moucher.

Mehdi sort des toilettes et c'est là que je l'embrasse. Nos dents se touchent, mais au moins c'est fait. On peut commencer.

– Faut quand même que je me lave les mains, m'annonce-t-il.

J'attends. Debout. Juste derrière lui. Parce que, dans un studio, on est forcément collés l'un à l'autre. Il agite ses mains dans le vide, se retourne et m'enlace.

Ses mains moites et glacées me font sursauter. Très vite, je retrouve la sensation que j'ai eue quand on s'est embrassés dans l'appartement parisien. Son odeur, sa langue, ses lèvres. Mon corps se réveille, comme s'il se rappelait lui aussi qu'il le connaissait. Mais mon esprit me parasite. Est-ce que j'embrasse bien ? Comparée à Vanessa. Non, ne vas pas là. Il glisse sa main humide et froide sous mon tee-shirt, ce qui me donne des frissons. Il doit croire que ce sont des frissons de plaisir parce qu'il m'embrasse avec plus de force. Emporté par ce qu'il pense sûrement être mon désir, il tente de dégrafer mon soutien-gorge. Je sens que ses doigts sont pressés. Qu'il cherche à se débarrasser de cette charge mentale au plus vite.

– Il est galère, ton soutif.

Non, c'est un Etam tout ce qu'il y a de plus classique. Mais je lui dis que oui et je m'excuse en son nom. Mieux, je le retire pour lui.

Je pointe. Mais parce que j'ai froid. Je suis sûre qu'il croit que je suis excitée à mort. Alors que j'ai juste envie de m'allonger et de me glisser sous la couette pour me réchauffer. Je ne pourrai pas mouiller si je pense à quel point j'ai froid. Probablement que je ne vais pas jouir de toute manière.

On s'allonge. Je monte sur lui et retire mon tee-shirt – même si je me les caille. Ce geste fait spontané, mais il ne l'est pas. Il a été mûrement réfléchi. J'ai passé en revue les avantages et inconvénients d'être au-dessus et lui au-dessous. D'un côté, la position me donne un double menton, mais de l'autre mes seins ont l'air plus gros. Comme il y a peu de chance qu'il regarde mon visage, j'opte pour les gros seins. Enfin, « gros », tout est relatif.

– Ils sont beaux, dit-il en les prenant dans les mains.

Toutes ces heures à m'imaginer me mettre nue devant lui (ou Léo) ont payé. Enfin, un plan qui marche. C'est très rare de s'imaginer quelque chose et que ça arrive exactement comme on se l'était imaginé.

Je commence à lui dézipper le pantalon, mais j'ai affaire à une braguette à boutons retorse. Le bout de mes petits doigts délicats devient rouge et douloureux. Comme j'ai retiré le soutien-gorge, j'estime avoir droit à un joker et lance :

– T'as pas besoin de ce jean. Retire-le.

– Oui, madame, dit-il en m'obéissant.

La phrase sonne plus autoritaire en vrai que dans ma tête.

– Tant qu'à faire, retire tout, j'ajoute.

Son corps est plus beau que le mien. Évidemment, on ne peut pas comparer les pubis et les pénis, mais un peu quand même. Il n'a pas d'abdos, mais pas de ventre. Et il a un cul plus rebondi – ce qui me rend un peu jalouse, parce qu'il ne doit faire sûrement aucun squat. Je cherche une imperfection dans son corps. Il a deux gros grains de beauté poilus. Ça me soulage. Ses défauts rendent les miens plus petits. Ce n'est pas grave si j'ai un pubis foncé et pas rose comme dans les films de mon père. Ce n'est pas grave si j'ai des vergetures un peu partout – alors que je suis toujours restée au même poids. Et ce n'est pas grave si mon gros orteil est démesurément plus grand que tous les autres et que je ne trouve jamais de chaussures à ma taille à cause de ce con.

Je n'ai plus froid, mais je me colle à lui. Je ne veux pas qu'il me scrute comme je le scrute. On s'embrasse. Ou plutôt il m'embrasse. C'est lui qui donne le tempo. Les moments où il met la langue, quand il la retire, quand il me mordille la lèvre. Moi, je me laisse faire : je n'ai pas assez embrassé de bouches pour savoir ce que j'aime. Je teste plusieurs trucs. Les ongles le long du dos, il a l'air d'aimer. Mes jambes autour de ses hanches, par contre, ça n'a pas l'air d'être trop son truc. Il se tortille pour se dégager. Je ne saurais pas dire si mon sexe est excité, si je mouille ou pas. Mon esprit étant trop concentré sur ce que Mehdi aime. Mon corps est secondaire.

Je l'embrasse sur le torse, le ventre, les couilles. C'est le moment de rentrer les dents. Les mains glissent bien, le rythme est bon. Je donne tout. Mais ça ne donne rien. Tout retombe comme du sable mouillé qui file entre les doigts. C'est la panique. Il sait. Il sait que je suis une pucelle qui n'y connaît rien. Je suis découverte. Ou alors il me trouve imbaisable. Son corps s'est trahi : il ne veut pas baiser « ça ». Il me souffle alors :

– Pardon… Je suis hyper stressé. J'attends ça depuis longtemps…

– Onze ans, je murmure.

– Oui, il confirme.

– Moi aussi, je suis stressée.

On est tous les deux soulagés. On doit s'y remettre, mais on n'y arrive pas. Alors on se prend dans les bras et on parle. Au milieu du frigo qui ronfle, et au minuteur du four qui n'est pas à la bonne heure, il me raconte ses sexes ratés. Ceux où on se force pour faire plaisir, alors qu'on n'a pas envie. Ceux qu'on fait parce que ça fait trop longtemps et on a peur de devenir « le couple qui baise plus ». Ceux qu'on fait pour être poli – parce que la fille a fait l'effort de venir jusqu'à chez toi et ça ne se fait pas de dire : « Finalement non merci, je préfère lire un bon bouquin en fait. » On parle pendant des heures, si bien qu'on finit par s'endormir. Je me réveille quelques heures plus tard parce que mon corps s'est engourdi à force de rester du même côté sans bouger. Je bouge, donc ça le réveille aussi. Il m'embrasse, je comprends qu'il veut qu'on reprenne. Je l'embrasse. On se frotte l'un contre l'autre jusqu'à ce qu'on soit prêts. En silence, sans rien dire. Puis il roule sur moi. Il m'écrase de tout son corps, je veux le repousser, juste le temps de reprendre mon souffle. Pas le temps, il entre. Ah ! Je ne suis plus vierge. J'essaye de graver ce moment en moi pour toujours. L'odeur du préservatif, la sensation, je veux me rappeler de tout. Je nous regarde faire l'amour, à côté de mon corps. Trop occupée à m'étonner de la sensation du pénis en moi. Et si je contracte, est-ce que je sens plus ? Est-ce que ça va me faire mal ? Il va profondément, dis donc. J'essaye de me recentrer, de profiter du moment. Mon corps prend son pied et mouille avec effusion. Ma tête tarde à entrer dedans.

Maintenant faut jouir.

Sauf que ça ne vient pas. C'est agréable. Tout est là : le rythme, l'odeur, la bonne taille… mais ça ne prend pas.

Je regarde l'heure sur le minuteur du four. 3 minutes. 4 minutes. Toujours rien. Je ne peux rien lui reprocher, il fait tout bien. Alors pourquoi ça ne marche pas ? Il m'embrasse dans le cou et me demande :

– Je peux jouir ?

J'ai envie de lui dire d'attendre un peu, mais je sens que c'est mort pour moi. Jouir ou me dépuceler, faut choisir, mon corps n'arrive pas à faire plusieurs choses en même temps.

– Vas-y, je lui dis.

Ça y est. Je suis officiellement plus vierge. Avant, on va dire que ça ne comptait pas. Ce qui compte, c'est l'éjaculation et non pas la pénétration. Je suis obligée de compter comme ça parce que sinon ça veut dire que c'est le godemiché qui m'a dépucelée et ça me déprime trop. Je préfère me dire que c'est Mehdi. L'homme que j'aime depuis presque toujours. Celui qui ne saura jamais qu'il m'a dépucelée.

– Tu fais quoi ? je demande en le regardant sortir du lit.

– Bah, je rentre.

Il enfile son jean et moi un tee-shirt à la va-vite. Il me fixe :

– C'est mon tee-shirt.

– Ah, pardon. Mais, Mehdi, reste. Il est tard. Y'a même plus de RER C.

– Je suis à 10 minutes à pied.

Ah oui, merde. Je lui rends son tee-shirt.

– De toute manière, énonce-t-il, on s'est dit qu'on essayait une fois et qu'on restait potes.

Je me sens sale. Mon corps me brûle, ravagé par la honte et l'humiliation.

– Reste, je murmure.

– C'est pour ça que je voulais pas qu'on le fasse. Ça fout tout en l'air.

Je sais. Il a raison. Mais j'ai changé d'avis. C'est mon droit, merde. Je crois que je vais vomir. Je me sens tellement conne. J'espérais que le sexe soit tellement bien qu'il veuille rester avec moi. Mais j'oublie que j'ai l'expérience d'une pucelle. Léo avait raison.

– Je ne veux pas juste un truc comme ça, je veux être avec toi. Tout le temps. Non, pas tout le temps. Souvent.

– Loli... on était d'accord. J'ai toujours dit que je ne voulais pas d'un truc sérieux.

– Et toi tu sais que je veux être avec toi. Même si je ne l'ai jamais dit, je crie presque. Si ! Tu sais.

Il me fixe, surpris. Je réalise que c'est la première fois que je lui gueule dessus. J'ai toujours évité parce que j'avais peur. Peur qu'il me trouve chiante. Peur qu'il me rejette. Peur d'être moi. Au fond, je suis une chieuse, mais personne n'avait le privilège de le savoir. Sauf Léo.

– C'était pas bien ? je demande d'une petite voix.

– Si, bien sûr.

Je lève les yeux vers lui. Son air navré m'insupporte.

– Je veux pas te perdre, il répond.

C'est la pire phrase à dire. Ça ne veut rien dire.

– Pars, je dis.

Il enfile ses chaussures et me fait un salut de la main comme si on était de vieux potes. Pathétique.

– Désolé. On s'appelle demain ?

– Non.

Il reste sur le pas de la porte, les bras ballants.

– Loli, s'il te plaît.

– Je n'y arriverai pas, je dis dans un souffle, je préfère que tu sortes de ma vie.

Sans se battre, sans se défendre, sans protester, il hoche la tête et referme la porte.

Et je reste seule.

Chapitre 30

Ça ne fait pas si mal que ça, une rupture.

Je mens. Mal en plus. Je veux mourir. J'ai perdu 11 ans de ma vie. Et pour quoi ? Pour un fantasme. Un bouffon immature, phobique de l'engagement. Oui, je sais, on ne s'engage pas après une seule petite baise. Mais quand même.

Je marche dans la rue en espérant croiser Mehdi. J'hésite presque à faire un détour pour passer à côté de chez ses parents. Aujourd'hui, je suis parfaite. Je suis bien maquillée. Je porte mon jean qui me fait un beau cul, un haut en dentelle sexy et des baskets. La tenue parfaite sans en faire trop.

Mon téléphone vibre. C'est Léo : « T'es où ? Je suis posé sur la terrasse. » J'accélère le pas. Plutôt que de me suicider, j'ai décidé que Léo serait mon *rebound guy* pour oublier Mehdi. Comme il est à Paris quelques jours, j'ai prévu qu'on le fasse tous les jours jusqu'à ce qu'il reparte à Nancy. Mais, ça, il ne le sait pas.

Au loin, je repère le café Oz de Denfert. On aurait pas dû se donner rendez-vous à 15 heures, ça tape encore fort à cette heure. En plus j'ai oublié mes lunettes de soleil. Je déteste les terrasses en été. Les chaises en fer forgé marquent mes cuisses nues. Les parasols ne servent à rien et je chope toujours des coups de soleil. Je préfère les boissons chaudes. Dès que j'ai dit bonjour, je demande à ce qu'on s'assoie à l'intérieur. Tant pis si y'a pas la clim.

Je crois apercevoir Léo avec des lunettes de soleil. Mon cœur s'accélère, mais je ne sais pas pourquoi. Je connais Léo. Il n'y a aucune crainte à avoir. Pourtant, je m'emballe déjà. Et si c'est le coup de foudre entre nous ? Et si le sexe est dingue ? Et si, la semaine prochaine, il emménage à Paris par amour ? Ou moi, à Nancy.

Je dépasse un couple de touristes postés devant le café, en train de lire le menu, et rejoins Léo. Il se lève et retire ses lunettes de soleil en souriant. Il a des dents un peu tordues, dis donc. On dirait qu'il a un peu de bide sous son tee-shirt, non ? C'est quoi ces chaussures qu'il porte ? Elles sont moches.

– Salut, il me lance, laconique.

– Salut, je réponds en lui faisant la bise.

Je sens qu'il me fixe de haut en bas.

– Quoi ? je demande, un peu gênée.

– Tu fais plus petite en vrai.

Il me dit ça d'un air amusé, un peu provoc'.

– Tu es déçu ? je demande.

– Et toi ? il demande.

Je comprends qu'il m'a grillée. Je ne sais pas comment, mais il a vu que je le jugeais, que je le rejetais avant même qu'on se soit dit bonjour. Je rougis, mais il se marre. Il a un rire très communicatif. Et de jolies lèvres.

On s'assoit et le serveur fonce sur nous.

– Vous prenez quoi ? demande-t-il en dégainant son petit carnet.

– Un jus de pomme, répond Léo.

– Pareil, je réponds, alors que j'aime pas ça, mais je sens le serveur pressant.

– T'es sûre ? demande Léo.

– Non, en fait, je vais prendre un americano.

– Avec des glaçons ? demande le serveur.

– Non. Normal.

– D'accord, répond le serveur, blasé, par contre je vais devoir vous encaisser tout de suite, car je finis mon service.

Léo se tourne vers moi.

– Tu offres ?

Il voit que sa question me désarçonne.

– Comme ça, tu ne te sentiras pas « achetée », m'explique-t-il. Pas de pression derrière.

– Il n'y aura pas de pression non plus, si on paye chacun notre part, je rétorque.

– Bon. J'aurai essayé, dit-il avec un sourire.

Je le regarde sortir des petites pièces. Il compte à voix haute pour aider le serveur, paumé. Je ne savais pas que Léo était aussi bon en calcul mental. Ça m'impressionne. J'ai déjà oublié mes tables de multiplication.

Léo pose ses coudes sur la table en me regardant. Sa manière de me fixer m'intimide un peu, je sens que je rougis. J'ai chaud.

– La table tangue, je remarque avec un arrière-goût amer de déjà-vu.

Léo hausse les épaules. Moi aussi, je devrais m'en foutre. D'habitude c'est le cas. Mais je sais pas pourquoi, aujourd'hui, ça m'agace. J'appuie avec le bout des doigts, balançant la table d'un côté à l'autre.

– On devrait changer de table, je suggère.

– C'est bon, me répond Léo.

C'est bon quoi ? Le serveur revient avec son jus de pomme et mon café. La table ne tangue plus. Je regarde dessous : Léo a retiré sa tong et l'a utilisée pour la caler.

– T'as pas peur des bouts de verre qui peuvent traîner ? je demande, inquiète pour son pied nu.

– Ne casse pas ton verre et ça ira.

Je me demande s'il va me toucher avec son pied et le remonter le long de ma cuisse. Non. On parle à la place. De nos familles, du prix du jus de pomme, de politique. Lui, surtout. Je ne m'y connais pas assez pour formuler une opinion. Il connaît le nom de tous les ministres, ce qu'ils font, ce qu'ils ne font pas. Il est très cultivé. Je me sens bête à côté. Un fois, début janvier, je me suis inscrite sur l'appli du *Monde*, comme certains s'inscrivent en salle de sport. Au bout de quelques jours, j'ai arrêté de lire. J'avais trop de retard à rattraper. Léo est tellement cultivé qu'il sait plus de choses que moi sur le porno.

– L'article s'appelle « Porno, l'enfer du décor », précise-t-il. C'est sorti en septembre 2022.

– Ça dit quoi ? Que le porno, c'est mal ?

– En substance, oui. Les producteurs font signer des contrats de cession de droit à l'image illimité aux actrices. Elles ne peuvent pas exercer leur droit à l'oubli. Tu te rends compte ?

Ça me fait penser à Hermela. Mon ventre se tord un peu.

– Et y'a le problème de la violence aussi, ajoute Léo.

– Tout le secteur n'est pas comme ça, je proteste mollement.

– La grande majorité, si.

Il veut que je fasse quoi ? Que je renie ma famille ? Que je les oblige à démissionner ?

– Tu ne regardes pas de porno alors ? je demande, sachant déjà ce qu'il va répondre.

– J'essaie d'éviter.

– Tu regardes donc, j'insiste.

Il admet que oui, ça lui arrive.

– Bah voilà, je marmonne.

Un silence s'installe entre nous. À parler porno, on a cassé l'ambiance. L'heure n'est plus à la bite et au kif. Je sens que chacun va partir de son côté. C'est dommage. Je l'aime bien, Léo. Je me sens bien avec lui.

– Loli ?

Je relève la tête vers lui.

– Je crois que tu as chopé un coup de soleil, il me prévient.

***

Ses mains sont froides et douces, ça fait du bien. Léo m'applique doucement de l'aloé véra sur les épaules. Mes bretelles ont glissé le long de mon épaule. S'il les fait tomber plus bas, il verra mes seins. Je sens qu'il va m'embrasser.

– À toi, annonce-t-il en me tendant le tube.

Je prends le tube de ses mains et étale le gel dans sa nuque. Ça me donne envie de l'embrasser.

– Tu m'embrasses pas, demande Léo sans se retourner vers moi.

– Je fais tout le travail pour toi en fait ?

– C'est ça. Tu me connais. Partisan du moindre effort.

Je souris, me hausse sur la pointe des pieds et lui embrasse du bout des lèvres la nuque. Elle est moite et poisseuse. Mais mon bas-ventre fait un bond, plein de joie. Léo se retourne, pose ses mains autour de mes hanches et les serrent. Il m'attire à lui. Nos bouches s'emboîtent parfaitement. Nos langues aussi. Je crève de chaud, mais mon corps s'en fout. Il veut se coller à lui. J'enfonce mes doigts dans ses bras. Une vibration rompt notre étreinte. Ses genoux tremblent, prêts à se dérober.

– Ça va pas ? je demande, inquiète.

– Si.

– Tu trembles, j'insiste.

– C'est le désir, m'explique-t-il.

L'idée de faire trembler un homme de désir me plaît énormément.

– Allons sur le lit, je suggère.

Je veux sauter la partie déshabillage et le sentir en moi. Se dévoiler un vêtement après l'autre a déjà été fait mille fois. Le mec qui galère avec le soutien-gorge aussi. Je décide de tout retirer d'un coup. Il fait pareil. On se regarde. Il fait jour. La lumière est dure. Je vois son bidou. Il voit mes cuisses mollassonnes. Je vois les trous dans sa barbe. Il voit mes poils qui repoussent. Je vois ses vergetures. Il voit les miennes. À cause de la chaleur, on se met sur les draps. Je ne peux rien cacher.

– J'ai envie de toi, il me souffle.

Moi aussi. Mon corps aussi.

– Tu veux qu'on se mette comment ? il me demande.

Je ne m'étais jamais posé la question.

– Toi, tu veux quoi ? j'interroge timidement.

– Ce que tu veux.

Je réponds au hasard.

– Au-dessus.

Je l'escalade, il reprend mes hanches dans ses mains et me guide. Il va trop vite. Sans préliminaires, ça ne rentrera pas. Je m'apprête à lui dire « Attends », mais nos corps s'emboîtent comme nos bouches. Mon corps ne m'a pas attendue. Il le désire autant que Mehdi. Léo est moins beau que Mehdi pourtant. Pour exciter Léo, je bouge les hanches, mais il m'enserre et je ne peux plus bouger. Je me laisse tomber en avant, toute à lui. À quoi bon me prendre la tête ? Il semble connaître mon corps mieux que moi-même. Le plaisir me ramollit les jambes, les bras, tout le corps. Quand je jouis seule, le plaisir est agressif, mon bas-ventre se contracte violemment, je dois vite retirer mes doigts, sinon j'ai mal. Avec Léo, le plaisir est plus doux. Il prend son temps et se diffuse tranquillement dans tout le corps.

On reste enlacés l'un dans l'autre. Une envie de pisser me prend. Comme lorsque je viens de jouir. Mais là ce n'est pas le cas. J'ai cette désagréable sensation d'être passée à côté de mon orgasme. Mon corps a joui sans moi.

Bientôt, Léo jouit. Il s'arrête et me caresse le dos.

– Tu n'as pas joui, annonce-t-il sans me regarder.
– Non, je dis.
– Ça n'allait pas ?
– Si. Mais j'avais envie de faire pipi.
– Pourquoi t'as rien dit ?
– Je voulais pas casser l'ambiance.

Je me lève et vais pisser. Sur les toilettes, je m'interroge. Pourquoi l'orgasme se refuse à moi quand je suis avec un homme ? Pourquoi ? Alors qu'il a tout fait bien ?

Je retourne au lit et pose ma tête contre Léo. Il fait trop chaud pour se coller totalement. Il me propose de me faire un cunni. Mais je refuse. Trop de pression.

– On recommence alors ?

Je sens que mon corps s'agite, ravi.

On a recommencé comme ça tous les jours. À la fin de la semaine, je demande à Léo s'il souhaite que je lui rende visite à Nancy. Il a répondu :

– Évidemment. T'as intérêt même.

Chapitre 31

J'ai appelé Mélissa. Ça m'a pris d'un coup. Au Monoprix. Dans le rayon poissonnerie. Le numéro n'était plus attribué, alors je l'ai ajoutée sur Instagram. Maintenant j'attends.

– Salut, m'a lancé Mehdi.

Je me retourne et le découvre, décoiffé, dans un jogging trop large et un tee-shirt avec le logo d'une convention de dentiste – celui de son père, je suppose.

– Ça va ? j'ai demandé, rassurée d'être relativement bien habillée et de ne pas tenir cinquante boîtes de préservatifs dans les mains.

– On peut parler ?

– Oui, j'ai répondu en continuant à faire les courses (je mets des trucs au pif dans le caddie).

Je sais déjà ce qu'il va me demander. Pourquoi je ne réponds à aucun de ses textos d'excuse ? Je lui avais promis qu'on resterait amis et j'ai failli à ma promesse. C'est vrai.

– J'ai flippé, admet Mehdi.

Il prend une respiration et se passe la main dans ses cheveux ébouriffés pour les lisser.

– J'ai été en couple deux fois, mais je n'ai jamais été amoureux. Avec mes ex, c'était cool, ça se passait bien, mais ce truc que mes potes m'ont décrit, le sentiment de savoir si c'est la bonne… moi, je ne l'ai jamais ressenti. Je crois qu'il y a un truc qui déconne chez moi.

– D'accord, je réponds sans trop savoir quoi dire d'autre.

– J'avais peur qu'en se mettant ensemble, ça fasse exactement pareil, m'avoue Mehdi, je voulais pas te perdre, donc je préférais rester ami. C'est raté.

J'aimerais lui répondre qu'avec moi cela aurait été différent, mais, même moi, je n'y crois pas. Finalement, il m'a épargnée. Je serais tombée amoureuse de lui et il aurait fini par rompre. Je n'aurais pas supporté.

– Je sais que t'es avec Léo, mais j'aimerais qu'on essaye, dit Mehdi. Toi et moi.

– Pourquoi, si on est voués à l'échec ?

– Parce que sinon on passera 10 ans à le regretter et à se demander « et si ? ».

Onze ans même.

– C'est la roulette russe, ce que tu proposes.

– J'offre la vérité, annonce Mehdi. Je suis peut-être un robot, dénué de tout sentiment amoureux. Mais si je dois tomber amoureux de quelqu'un, ça ne peut être que de toi.

– T'es pas juste un robot, t'es un peu lent aussi. Tu te réveilles trop tard. Je suis avec Léo.

– Oui, je suis lent. Je suis nul pour garder contact avec mes potes. Je laisse crever la relation, plutôt que d'envoyer un pauvre texto.

– C'est chiant, ça.

– Oui.

– Quoi d'autre ? je demande.

– Je suis rancunier.

– Ah bon ? je dis. Tu m'en veux encore d'avoir rompu avec toi à 14 ans ?

– Oui.

Je m'arrête au rayon fromages.

– Tu sais pourquoi j'ai rompu ? je demande.

– À cause d'Adrien, ton ex.

– Non, j'avais trop peur de te dire que j'étais vierge. Je voulais tellement que tu gardes l'image de moi en meuf cool que j'ai préféré rompre que de te dire la vérité.

Il s'arrête de marcher.

– T'es mon premier, j'insiste.

– Comment ça ?

– J'ai couché avec deux personnes dans ma vie. Toi et Léo. Tu étais mon premier.

– Bah… Non.

– Si.

– Pardon, mais quand on l'a fait, c'est rentré tout seul. Et y'avait pas de sang.

Une mère de famille et sa fille de 5 ans passent devant nous. On s'éloigne et nous allons vers le rayon charcuterie.

– Alors, petit un, j'espère que t'es pas en train de dire que j'ai un vagin méga-large, et petit deux, on peut perdre son hymen autrement qu'en couchant. En faisant du cheval par exemple.

– Tu fais du cheval ?

– Non. Mais j'ai perdu mon hymen avec un godemiché.

– Celui que t'ont filé tes parents ?

– Oui…

– T'as jamais couché avec un mec avant moi ?

Non.

Je le vois : il ne me croit pas.

– Jamais ?!

– Non. T'es mon seul.

Il va me traiter de bouffonne, de mytho.

– Bon… OK.

– C'est tout ?

– Tu veux que je dise quoi ?

– Je sais pas. Que je suis une sale mytho ! Que plus jamais tu ne pourras me faire confiance ! N'importe quoi.

– Je comprends… Moi aussi, je mens tout le temps.

– Ah bon ? Tu m'as déjà menti ?

– Évidemment.

– Sur quoi ?

– Je sais pas.

– Tu mens.

– Oui.

Je sais pas trop pourquoi, mais savoir que c'est un mytho lui aussi, ça me plaît. On marche vers la caisse.

– On se retrouve au café ? il me demande.

Je sais pas. J'ai peur de souffrir. Léo, je sais qu'il va m'aimer et je suis sûre que je vais en tomber amoureuse. Alors qu'avec Mehdi tout est incertain. Si je le choisis, je vais finir comme ma mère. À aimer un homme qui ne m'aime pas. Je ne veux pas de ça.

– Loli ?

Une notification apparaît sur mon smartphone. C'est Mélissa. Elle vient de m'accepter.

Chapitre 32

Il n'y a pas pire que d'aimer sans être aimée en retour.

Si.

Il y a la guerre quand même.

Et ce pigeon de merde à la fenêtre. Il me fixe comme un sale pervers.

– T'es pas concentrée, Loli !

– Pardon…

Mehdi sort la tête de la couverture. Le pauvre transpire de chaud. Je reconnais son petit air boudeur.

– Je veux bien te faire un cunni pendant une heure, mais mets-y du tien.

Depuis qu'on est ensemble, je n'arrive pas encore à jouir. Seule, aucun problème. Mais, à deux, ça coince.

– C'est pas de ma faute : c'est ce pigeon-là.

– Quel pigeon ?

– Il y a un pigeon qui vient à chaque fois que tu me fais un cunni. Je te jure ! Est-ce que tu pourrais acheter des rideaux s'il te plaît ?

– À cause d'un pigeon ?

– C'est pas juste ça ! J'ai l'impression que tes voisins peuvent nous voir. J'ai peur qu'ils nous filment.

– T'es parano.

Je me redresse sur mes coudes.

– Écoute, Mehdi : tu veux que je jouisse ?

– Oui.

– Alors, achète des rideaux.

Le gars a un super deux-pièces à Paris à 2 minutes du métro Commerce – le grand luxe ! Il peut mettre des putains de rideaux sur ses fenêtres géantes !

– D'accord.

Jouir, c'est mille fois plus dur que de baiser. J'ai l'impression que je n'y arriverai jamais. Mon corps refuse de lâcher prise.

– Viens, on fait une petite sieste et on reprend.

– Je suis pas très sieste.

– Moi, oui.

Il se met sur le dos et me prend de force dans ses bras. C'est pas très féministe, mais j'adore ça. En plus, il essuie poliment sa bouche pleine de bave de vagin sur l'oreiller avant de m'embrasser : si c'est pas romantique, ça.

– Je vais pas réussir à m'endormir. J'ai jamais réussi à faire de sieste.

– Chuuut.

Le relou.

Un. Deux. Trois… quatre. Cinq… eeet… c'est tout. Il a juste cinq pauvres petits poils qui se battent en duel sur son torse. J'ai plus de poils aux seins que lui. C'est pas normal d'avoir que cinq poils.

– Aïe. Arrête. Dors.

Quatre.

– Pardon. Mais c'est pas normal, je suis plus poilue que toi. Regarde.

Je me redresse sur le lit et lui montre mes seins. Il reste allongé sans bouger.

– Mais non, n'importe quoi.

– Mais siiii ! Regarde, j'ai trois poils sur mon téton droit. Là.

– T'es parano. On s'en fout des poils.

– Ah, donc tu as bien remarqué que je suis poilue.

– T'es chiante.

– Oui, mais c'est pas ça, le problème. Le problème, c'est que je couche avec un mec qui est moins poilu que moi.

– C'est un gros gros problème. Léo était poilu ?

– Non.

Je n'aime pas parler de Léo. Ça me rappelle que j'ai peut-être pris la mauvaise décision. Le pire, c'est que je ne la regrette pas. Du moins, pas encore.

– Mehdi. Dis-moi un truc honteux sur toi. Quelque chose que t'as jamais dit à personne.

– Je cherche.

Comment ça, il cherche ? Putain, mais c'est pas possible. Le mec n'a jamais rien fait de honteux dans sa vie.

– Ah si ! se rappelle Mehdi, une fois, j'avais 6 ans et mon cousin m'a proposé de le sucer contre un Carambar.

– Ton cousin Ali ? Celui qui a deux ans de plus que toi ?

– Oui.

– Et ?

– J'ai dit oui.

– T'as sucé Ali ?!

– Pas eu le temps. Ma sœur est arrivée et a volé le Carambar. Du coup, je voulais plus le faire. Mais si elle n'était pas arrivée, je l'aurais fait.

– C'est dégueu. J'adore.

– Dors, maintenant.

Je ferme les yeux, mais je sais que je ne dormirai pas. J'attends le temps qui passe.

– Loli ? Loli ?

Mes yeux s'ouvrent.

– Quoi ?

– Tu t'es endormie.

Non.

– Non.

– Si, si, tu t'es endormie sur moi. Regarde. T'as bavé sur mon torse. Ça, c'est de la bave de Loli.

Mon Dieu. Il a raison. C'est horrible. Il se glisse sous la couette.

– Attends, mon corps est encore tout engourdi.

– Je m'en fous, il répond.

– Je crois que j'ai envie de faire pipi, je tente.

– Pisse-moi dessus.

– Arrête, je dis.

Son acharnement me stresse. Je me dis que ça va être trop long. Qu'il s'emmerde et doit compter les moutons. Qu'il doit avoir mal à la nuque. À la langue aussi. Je n'y arriverai jamais.

– Loli, concentre-toi.

– Non, c'est pas ça. C'est juste que… T'en as pas marre ?

– Non.

– T'es sûr ? Ou tu dis ça pour me faire plaisir ?

– Bordel, arrête de penser à moi. Sois un peu égoïste, merde. Tu crois que je pense à comment tu te sens quand tu me suces ? Non.

Ça y est. Je suis amoureuse. Je l'aime, alors qu'il ne m'aime pas. C'est horrible. C'est pire que d'être vierge ! J'abuse. Y'a pire. Dans l'ordre de gravité, avant, il y a :

1/ La guerre -> c'est pire, OK.

2/ Les maladies -> terrible.

3/ Les dictateurs -> monstrueux.

4/ Être vierge jusqu'à 25 ans.

Mais en fait, en numéro 1, il devrait y avoir « être amoureuse de Mehdi alors qu'il risque de me larguer ». C'est terrible. Il n'y a rien que je puisse faire. Je suis à sa merci. Impuissante.

Je crois que je vais jouir.

Merci

À Vincent, mon prof d'abord, mon éditeur ensuite, qui m'a soutenue, guidée, donné des conseils tout en me sommant de ne pas les écouter.

À mon amoureux, mon premier lecteur.

À mon père, qui m'a conseillé de devenir écrivain plutôt que de travailler en entreprise. Très bon conseil.

À ma mère, qui a toujours cru en moi, et qui corrigeait mes fautes d'orthographes (nombreuses).

À mes parents, qui m'ont conseillé de devenir écrivain plutôt que de travailler en entreprise. Très bon conseil.

À mes sœurs, pour leurs encouragements et leur regard affûté.

À mon grand-père Jean, de qui j'ai hérité le plaisir de raconter des histoires.

À Alizée, pour ses beaux dessins !

À SOAP, mon collectif d'auteurs qui me lit depuis plus de 10 ans. Grâce à vous, à vos idées et à vos retours, mes textes sont bien meilleurs que si j'étais restée seule dans mon coin.

À mon groupe d'écrivains de Mille Sabords, sur qui je me suis appuyée pour me donner du souffle quand je perdais confiance en moi. Merci !

Virgin in Porn

À Anne, Marie, Guillaume, Céline, Shirin, Cédric, Sarah, Armand, Hugo, Marjorie, France, Solenn, Fiona, Cécile, Anne-Claire, Stéphane… pour leurs idées brillantes, leur exigence et leur bienveillance.

Merci à tous ceux et celles qui ont pris le temps de noter mes fautes, mes coquilles et les mots que j'oubliais.

Cet ouvrage a été imprimé en France par
CPI Bussière
Z.I. rue Pelletier Doisy
18200 Saint-Amand-Montrond (France)

pour le compte des Éditions Fayard
13 rue du Montparnasse, 75006 Paris
info-fayard@editions-fayard.fr
en janvier 2025

Composition réalisée par
Belle Page

PAPIER CERTIFIÉ

fayard s'engage pour
l'environnement en réduisant
l'empreinte carbone de ses livres.
Celle de cet exemplaire est de :
700 g éq. CO_2
Rendez-vous sur
www.fayard-durable.fr

N° d'édition : 38-8373-8/01 - N° d'impression : 2082350

VIRGIN IN PORN